Acelino Pon

Prolegômenos à
Nova Matemática

Scientia Publishers
2023

Acelino Pontes

Prolegômenos à
Nova Matemática

Scientia Publishers
2023

Ficha Catalográfica

P814p	Pontes, Acelino
	    Prolegômenos à Nova Matemática / Acelino Pontes.
	1.ª Ed. - Fortaleza, CE, Scientia Publishers, 2023.
	    166 p.
	
	    Copyright ©2023 *by* Acelino Pontes
	
	    ISBN: 9798378192229
	
	    1. Preâmbulo. 2. Linguagem. 3. Enigmas & Intrincos.
	    I. Título.
	                                              CDU: 51

Nota: Imagens sem referência de fonte foram produzidas pelo autor em sinergia com Inteligência Artificial ou com modificações próprias.

Para citar este livro:
Pontes, Acelino: *Prolegômenos à Nova Matemática*. Fortaleza: *Scientia Publishers*, 2023. 166 p.

Número é a medida de todas as coisas.

Pitágoras (570 – 495 a.C.)

Se alguém me perguntasse, eu diria que a primeira competência
necessária para se estudar matemática é a criatividade.

André Guimarães (2022)

Gratia plena

aos inúmeros grandes mestres que tive o prazer de
conhecer no transcurso da Licenciatura, pelas maravilhosas aulas, em especial, ao Prof.Dr. Ângelo Papa Neto
pela proficiente e sábia orientação.

Láurea

aos ínclitos professores
Francisco Antônio Martins da Costa
Jose Stálio Rodrigues dos Santos
Marcos Haroldo Dantas Norões
Raimundo Nonato Araújo da Silva
Roberto Carlos Carneiro Feitosa

Dedico

à minha *alma mater mathematices*,
o Curso de Licenciatura em Matemática do
IFCE-Instituto Federal do Ceará — *Campus* Fortaleza.

AMP	Aluno Matematicamente Proficiente (EMP)
BEA	*Bureau d'Enquêtes et d'Analyses pour la Sécurité de l'Aviation Civile*
BNCC	Base Nacional Comum Curricular
dB	Decibel
ECPR	Ente Contingente *a priori de re*
EMP	Estudante Matematicamente Proficiente
EQM	Experiência de Quase-Morte
LDBE	Lei de Diretrizes e Base da Educação Nacional
MEC	Ministério de Educação e Cultura
IEC	*International Electrotechnical Commission*
IFCE	Instituto Federal do Ceará
INEP	Instituto Nacional de Estudos e Pesquisas Educacionais Anísio Teixeira
INTOSAI	Organização Internacional de Entidades Fiscalizadoras Superiores
ISO	*International Organization for Standardization*
MAA	*Mathematical Association of America's*
MEM	Mapa de Ensino da Matemática
MCS	Modelo dos Campos Semânticos
NCTM	*National Council of Teachers of Mathematics*
OCDE	Organização para a Cooperação e Desenvolvimento Econômico
OPAS	Organização Pan-Americana da Saúde
PISA	*Programme for International Student Assessment*
SAEB	Sistema de Avaliação da Educação Básica
SLL	Sintaxe Lógica da Linguagem
SI	Sistema Internacional de Unidades
TIM	TIM S/A – Empresa de Telefonia

Resumo

Incialmente foca-se legislação e contextos relacionados com dificuldades no ensino, com o pensar como matemático e a necessidade da proficiência matemática. Adentrando as tecnologias matemáticas, estuda-se as suas linguagens com foco em diversos enguiços linguísticos, sintaxe e semântica. Na semântica confere-se ênfase ao Modelo dos Campos Semânticos (MCS), à Equivalência Semântica, aos Registros de Representação Semiótica e à Congruência Semântica. Ainda são abordados vários problemas e 'síndromes' relacionados com equívocos e desvios na postura do matemático. Na propositura da Nova Matemática contempla-se o pensar matemático, o processo de matematização com ênfase nos seus critérios, no conceito verdade necessária e na postulação do Ente Contingente *a priori de re* (ECPR), bem como a formação do Estudante Matematicamente Proficiente (EMP). Empós, é proposto o Mapa do Ensino da Matemática (MEM) exemplificado e à análise da História, Ontologia, Metafísica, Etiologia, Teleologia e Dialética, num transcurso metamatemático do cálculo do Limite.

Conclusão: Constata-se o vácuo de proficiência matemática na Educação Básica e nos cursos de Licenciatura em Matemática, bem como elevado nível de desistência tanto na Licenciatura como no Ensino Básico; os incomensuráveis prejuízos ocasionados pelos custos dos licenciandos que abandonam a formação, ademais altíssimos custos sociais da juventude perdida no conceito dos *'nem-nem'*s'. Aponta-se defeitos cruciais no método e tecnologia de ensino no preparo dos licenciandos em Matemática, assim como na Educação Básica pela insistência em privilegiar o ensino sistemático, o rigor linguístico e a memorização de conteúdo. Finalizando propõe-se a adoção do Pensar Matemático, da Proficiência Matemática e do Ativismo do aluno em sala de aula a título de metodologia de ensino, ademais, a título de tecnologia de ensino o Mapa de Ensino da Matemática (MEM) e a formação de professores na formulação e instalação de Ente Contingente *a priori de re* (ECPR) a diversos conceitos abstratos de extrema relevância para a sociedade.

Palavras – Chaves: Nova Matemática. Proficiência Matemática. Ente Contingente *a priori de re*. Pensar Matemático. Mapa do Ensino da Matemática.

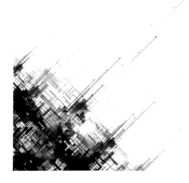

Zunächst wird es die Beachtung auf die Gesetzgebung und Kontexte im Zusammenhang mit Unterrichtsschwierigkeiten, auf *Denken wie ein Mathematiker* sowie auf die Notwendigkeit mathematischer Profizienz zu erlangen gelegt. Bei der Einweisung der mathematischen Technologien werden ihre Sprachen mit Schwerpunkt auf verschiedenen sprachlichen mangeln, Syntax und Semantik untersucht. In der Semantik liegt der Schwerpunkt auf dem *Semantic Fields Model* (SCM), der semantischen Äquivalenz, den semiotischen Repräsentationsregistern und der semantischen Kongruenz. Mehrere Probleme und „Syndrome" im Zusammenhang mit Versehen und Abweichungen in der Haltung des Mathematikers werden ebenfalls angesprochen. Beim Vorschlag der Neuen Mathematik wird das mathematische Denken betrachtet, der Mathematisierungsprozess mit Betonung auf seine Kriterien, auf den Begriff der notwendigen Wahrheit und auf die Postulation der Kontingenten Einheit *a priori de re* (ECPR), sowie die Bildung des Mathematisch Profizienten Student (EMP). Anschließend wird die Mathematik-Lehrkarte (MEM) vorgeschlagen, um die Analyse von Geschichte, Ontologie, Metaphysik, Ätiologie, Teleologie und Dialektik, in einem metamathematischen Verlaufen der Limitsberechnung zu veranschaulichen.

Schlussfolgerung: Es besteht ein Mangel an mathematischer Profizienz in der Schulbildung und in den Mathematik-Lehramtsstudiengängen sowie eine hohe Abbrecherquote sowohl in den Lehramtsstudiengängen als auch in der Schulgrundbildung; die unermesslichen Verluste durch die Kosten von Lehramtsstudierenden, die die Ausbildung abbrechen, zusätzlich zu den sehr hohen sozialen Kosten der Jugend, die im „Weder-Noch"-Konzept verloren gehen. Auf entscheidende Mängel in der Unterrichtsmethode und -technologie bei der Vorbereitung von Studenten im Grundstudium Mathematik sowie in der Schulbildung wird hingewiesen, da darauf bestanden wird, systematisches Lehren, sprachliche Strenge und das Auswendiglernen von Inhalten zu bevorzugen. Schließlich wird die Annahme von mathematischem Denken, mathematischer Profizienz und Aktivismus der Schüler im Klassenzimmer als Unterrichtsmethodik vorgeschlagen, zusätzlich als Unterrichtstechnologie die Mathematik-Lehrkarte (MEM) und die Ausbildung von Lehrern in der Formulierung und Installation von Kontingenter Einheit *a priori de re* (ECPR) zu mehreren abstrakten Konzepten von extremer Relevanz für die Gesellschaft.

Stichwörter: Neue Mathematik. Mathematische Profizienz. Kontingenter Einheit *a priori de re*. Mathematisches Denken. Mathematik-Lehrkarte.

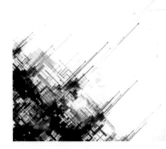

Abstract

Initially, it focuses on legislation and contexts related to teaching difficulties, thinking like a mathematician and the need for mathematical proficiency. Entering mathematical technologies, their languages are studied with a focus on various linguistic flaws, syntax and semantics. In semantics, emphasis is placed on the Semantic Fields Model (SCM), Semantic Equivalence, Semiotic Representation Registers and Semantic Congruence. Several problems and 'syndromes' related to mistakes and deviations in the mathematician's posture are also addressed. In proposing the New Mathematics, mathematical thinking is contemplated, the mathematization process with emphasis on its criteria, on the concept of necessary truth and on the postulation of the Contingent Entity *a priori de re* (ECPR), as well as the formation of the Mathematically Proficient Student (EMP). Afterwards, the Mathematics Teaching Map (MEM) is proposed, exemplified and the analysis of History, Ontology, Metaphysics, Etiology, Teleology and Dialectics, in a metamathematical course of the calculation of the Limit. Conclusion: There is a lack of mathematical proficiency in Basic Education and in Mathematics Licentiate courses, as well as a high level of dropout both in Licentiate and Basic Education; the immeasurable losses caused by the costs of graduates who drop out of training, in addition to the very high social costs of youth lost in the concept of 'neither-nor'. Crucial defects are pointed out in the teaching method and technology in the preparation of undergraduate students in Mathematics, as well as in Basic Education, due to the insistence on favoring systematic teaching, linguistic rigor and memorization of content. Finally, it is proposed the adoption of Mathematical Thinking, Mathematical Proficiency and Student Activism in the classroom as a teaching methodology, in addition, as a teaching technology, the Mathematics Teaching Map (MEM) and the training of teachers in the formulation and installation of Contingent Entity *a priori de re* (ECPR) to several abstract concepts of extreme relevance for society.

Keywords: New Mathematics. Mathematical Proficiency. Contingent Entity *a priori de re*. Mathematical Thinking. Mathematics Teaching Map.

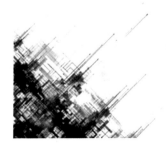

O manejo das matemáticas nos tempos de hoje não é nada desambiguizado. Esse fenômeno tanto atinge alunos e estudantes como a professores de todos os níveis. Uma evolução inicial, ainda na Antiguidade proporcionou enorme admiração pelas Matemáticas, como pela maioria dos que se dedicaram à essa fascinante área de conhecimento. Era um mundo de intuições, de criações, de invenções e de *magias* que deixavam a todos encantados. As portentosas obras e edificações na Babilônia, no Egito, nas Américas e na Europa, em tempos imemoriáveis, são estampas históricas de que o manejo de números e de cálculos permitem ao homem a feitura de colossais monumentos à cultura e á história.

Enormemente avançam os conhecimentos no período da idade média para alcançar a cientificização das Matemáticas. Métodos e unidades de grandezas (*verdades necessárias*) são engendradas para permitir a matematização de fenômenos naturais por demais abstratos, que infestavam o cotidiano dos povos em todos os continentes. Forjar a relação de números com o manejo de grandezas como *força, velocidade, aceleração, energias, tempo* e muitas outras, possibilitando assim a mensuração e gerência dessas grandezas, se tornou o *Landmark* do desenvolvimento e do progresso das civilizações.

Esse desafio agigantou nomes como *Euler, Gauß, Leibniz, Newton, Otto von Guericke, Michael Faraday, André-Marie Ampère, James Clerk Maxwell, Luigi Galvani, Charles Augustin de Coulomb, Georg Simon Ohm, Alexander Graham Bell, Heinrich Hertz* entre inúmeros outros nomes, hoje figurantes na lista de grandezas do Sistema Internacional de Unidades [*Système International d'Unités*]. Ao brilhante esforço desses cientistas a Modernidade migra para a era Industrial, oferecendo a maior evolução da civilização humana num curto espaço de tempo.

Com a era da informática o mundo mudou drasticamente de fisionomia em apenas duas décadas, perante a rápida globalização oferecida pela *internet*. O transporte da informação é instantâneo e universalizado. Da mesma maneira a exploração do universo que se tornou algo trivial. Até mesmo pandemias são domadas em tempo exíguo e com extraordinária eficiência por mérito da monitoração matemática.

Tudo isso fruto das Matemáticas!

Então, qual o motivo da agonia ao trato das matemáticas? O que causou o depauperamento na relação das pessoas, em especial dos jovens, com as Matemáticas?

Essas questões me preocuparam por uma década. E neste livro pouso reflexões, análises, investigações, juízos, crítica, dissecção e possíveis remédios, na ânsia que surja a

Nova Matemática

que maravilhe a todo cidadão, quer jovem ou mais experiente.

Fortaleza, ao decorrer de janeiro de 2023.

Acelino Pontes
studiosus mathematicae et philosophiae

Sumário

1   Preâmbulo

Matemática, a luz de eficiência e intelecção
que ilumina pensadores.

A Matemática é a ciência do raciocínio lógico e abstrato, que estuda toda a realidade transcendental (abstrata) e imanente, à qualidade da completude, da eficiência, da precisão e da exatidão, no mínimo, da excelência.

Isso implica uma responsabilidade extrema ante as adversidades e infortúnios da sociedade em geral, quando somente a Matemática está imbuída de ferramentas e recursos para ofertar remédio de excelência ou precisão para quaisquer dilemas da realidade humana.

Não raro o Matemático se confronta com *encontrar uma agulha no palheiro*. Todavia isso não é obstáculo para esse profissional, mas a feitura da definição (ou acepção) e dos critérios (ou parâmetros) da *agulha* e do *palheiro* elaborada pelos especialistas é que podem dificultar a modelagem do dilema e a consequente determinação e localização da *agulha no palheiro*.

A feitura de *definição* e de *critérios* rigorosos e específicos é necessária para oportunizar a matematização adequada e que leve à excelência, à completude, à precisão e à eficiência, arquétipos substanciais asseverados pelo uso de recursos matemáticos.

Infelizmente, o preparo dos futuros professores de Matemática procede com a apresentação sistemática do conhecimento matemático aleatoriamente exigido, quando a memorização de conteúdo é extremamente privilegiada e a otimização de convencimento, de capacitação, de proficiência e de habilidades totalmente deslembrada.

Com isso, a docência na disciplina Matemática a nível de Educação Básica vai retratar justamente a acima aludida sistematização, que não habilita o aluno-cidadão nos termos da novel Base Nacional Comum Curricular (BNCC), *ad litteram*:

> A Base estabelece **conhecimentos, competências** e **habilidades** que se espera que todos os estudantes desenvolvam ao longo da escolaridade básica. Orientada pelos princípios éticos, políticos e estéticos traçados pelas Diretrizes Curriculares Nacionais da **Educação Básica**, a Base soma-se aos propósitos que

direcionam a educação brasileira <u>para a **formação humana** integral</u> <u>e para a construção de uma **sociedade justa, democrática e inclu-**</u> <u>**siva**</u>. [Destaque nosso] (BRASIL. MEC., 2021)

O copioso **ensino sistemático** da Matemática somente dificultará a compreensão e o aprendizado, com maior propriedade ainda, a habilitação dos jovens para o uso da Matemática como um instrumento do exercício da cidadania, das liberdades e dos direitos fundamentais que elevam a qualidade de vida do cidadão. Se é no controle dos **gastos públicos** no âmbito das **políticas públicas** nas áreas da **saúde**, da **educação**, da **segurança** e de outros serviços públicos essenciais ou no combate à corrupção ou à ineficiência do gestor público, sem compreensão, habilidades, proficiência e capacitação no uso de ferramentas matemáticas, torna-se inexequível ao cidadão galgar o pleno exercício da cidadania.

Entende-se por **ensino sistemático da matemática** como a apresentação de conteúdo numa linha de escala de importância e de complexidade, iniciando com a aritmética (contagem), perpassando a álgebra (abstração), a trigonometria, a geometria (espacial) até o cálculo, imprimindo *uma visão redutora assente, apenas, na* aquisição *dos conhecimentos, [...] aprendizagem dos alunos, tendo* por *base uma mobilização sistemática das capacidades matemáticas* (MOTA, 2014, p. 5). Daí o professor apresenta conteúdos para o aluno entender e memorizar, mas sem qualquer relação com a realidade ou a aplicabilidade desse conhecimento. Em contrário disso, como demonstra um estudo empírico em tese de mestrado defendida na *Universidade de Aveiro* (Portugal), é recomendado nos países com maior sucesso na Educação Matemática, a capacitação de raciocínio matemático, como tomamos abaixo:

> No entanto, estudos internacionais como o TIMSS e o PISA e relatórios de exames nacionais evidenciam fracos desempenhos dos alunos portugueses nos itens que envolvem a **capacidade de raciocinar matematicamente**. Neste quadro, desenvolveu-se o presente estudo com a finalidade de selecionar, reformular, implementar e avaliar o contributo de tarefas matemáticas na **promoção de capacidades de raciocínio matemático dos alunos**. (*Ibda.*)

A atual situação do ensino da Matemática na Educação Básica não permite aos concludentes dessa fase educacional, sequer analisar ou mensurar a retidão e certeza da conta de energia elétrica que, na atualidade, consome até mais que 30% do orçamento familiar, porquanto essencial para a sobrevivência financeira de vultosa maioria da população pátria. Essa situação coloca o cidadão em verdadeiro estado de calamidade, pois não tem como se defender das agressões econômicas e sociais a que está exposto no cotidiano, mesmo no que toque ao corriqueiro endividamento por compras emprazadas.

Urge que o Ensino Básico se oriente, em especial ao que toque à Matemática, ao exercício da cidadania e à capacitação do cidadão do controle de eventuais estorvo e insuficiências, bem como regrado no desenvolvimento de *conhecimentos*, *competências* e *habilidades* pelo atual BNCC, em especial através da *promoção de capacidades de raciocínio matemático dos alunos.*

Isso implica no abandono do ensino sistemático da Matemática para que se abra espaço para o desenvolvimento de habilidades, proficiência e competência na matematização, modelagem e arquitetura dos problemas, enigmas, dubiedade, impasse e dilemas de toda a realidade humana. Enfim, orienta-se no PISA[1] e nas recomendações da UNESCO para a Educação Matemática[2].

Entretanto, além do desconhecer as questões fundantes da Educação e Didática Matemática que tanto prejudica a formação dos professores do Ensino Básico, perdura uma enormidade de manchas, barreiras, senões, entraves, máculas, eivas que impedem o exercício impecável da profissão Matemático, em especial como professor de Matemática.

- **Legislação**

Nas Leis da Educação Matemática não há nada o que modificar, mas na postura da formação e do exercício da profissão, urge que ocorra mudanças radicais para que se atenda ao mandato legal, insculpido na *Lei Primitiva* da Nação Brasileira, *in verbis*:

Art. 205. A educação, direito de todos e dever do Estado e da família, será promovida e incentivada com a colaboração da sociedade, **visando ao pleno desenvolvimento da pessoa, seu preparo para o exercício da cidadania e sua qualificação para o trabalho.** (Destaque nosso) (BRASIL, 1988)

O cidadão não *aprende* matemática para passar em provas ou concursos, mas para se qualificar ao exercício da cidadania e qualificar-se para o trabalho, como exige a Carta Magna brasileira. Em nenhum momento, o ensino **sistemático** e **memorizado** da Matemática na Educação Básica vai contribuir para que o cidadão brasileiro alcance a habilidade e proficiência exigidas pelos *patriarcas constitucionais.* Ao ensino sistemático, contraria a obviedade que a Matemática é gigantesca, profunda e extremamente complexa que permita uma formação sistematizada. Por outro lado, a memorização só tem uma finalidade no ser humano: ser esquecida.

---

[1] Programa Internacional de Avaliação de Estudantes, tradução de *Programme for International Student Assessment – PISA.*

[2] Matemática para a Vida.

Também o Ensino está sujeito a diretrizes bem claras e evidentes:

> **Art. 206. O ensino será ministrado com base nos seguintes princípios:**
> I - **igualdade de condições** para o acesso e permanência na escola;
> II - **liberdade de aprender**, ensinar, pesquisar e divulgar o pensamento, a arte e o saber;
> III - **pluralismo de ideias e de concepções pedagógicas**, e coexistência de instituições públicas e privadas de ensino;
> [...]
> VII - garantia de **padrão de qualidade**. (Destaque nosso) (*Ibda.*)

Mais uma vez resta claro que o ensino **sistemático** e **memorizado** da Matemática na Educação Básica atropela mortamente as liberdades e direitos pontificados nos artigos 205 e 206 da Constituição Federal (BRASIL, 1988), tanto em face do cidadão-aluno, e de igual natureza, em face do cidadão-professor que está engessado e impossibilitado de cumprir os mandamentos constitucionais por uma postura arcaica, ilegal e imoral do **ensino sistemático** e **memorizado** da Matemática.

Uma nação esguia em conhecimento, em proficiência e em habilidades matemáticas é uma nação de evolução socioeconômica paupérrima. Não se ganha conhecimento, proficiência e habilidades memorizando fórmulas e soluções de exercícios abstratos, mas modelando os problemas e insolutos da realidade e arquitetando suas soluções com ferramentas matemáticas cabíveis.

O Brasil é paupérrimo em inovações e geração de novos conhecimentos, que possam mudar os caminhos socioeconômicos do País. Somente o ensino da Matemática nos termos dos artigos 205 (para o

Figura 1: Ilumine seus alunos. Fonte: internet. Modificação nossa.

exercício da cidadania e qualificar-se para o trabalho) e 206 (liberdade de aprender, ensinar, pesquisar) pode garantir à nossa grande Nação um futuro socioeconômico auspicioso e afortunado.

- **As dificuldades no ensino**

Disso já se toma de vária evoluções como na experiência de Gonçalves relatada em seu TCC sobre *Teorema de Pitágoras, Tales e suas aplicações: uma experiência no 9.º ano do ensino Fundamental* quando constata que:

> As dificuldades dos alunos no aprendizado da matemática básica devem-se, entre outros fatores, a **falta de conexão entre a Aritmética e a Álgebra**. Estas dificuldades são visíveis na compreensão das aplicações dos Teoremas de Pitágoras, Tales nas disciplinas de

Matemática, Física e Química. [Destaque nosso] (GONÇALVES, 2018, p. 9)

Essa *falta de conexão*, Gonçalves vai evidenciar em questão com 94% de erro, como assim descrito:

> Esta **questão era simples** porém os alunos não interpretaram corretamente o que estava sendo solicitado. Deficiência de leitura e interpretação, **os alunos não compreenderam a pergunta** que foi feita. Quanto as aplicações foram dadas de forma que os alunos **confundiram aplicações** com enunciado do teorema. O enunciado só tinha a fórmula, não identificava o que era cateto, hipotenusa. [Destaque nosso] (*Ibda.*, p. 25)

Se a questão era simples e alcançou 94% de erro, há algo de inadequado em todo o sistema. Entretanto, esse não é caso isolado; alguns falam que é a regra no Ensino Básico.

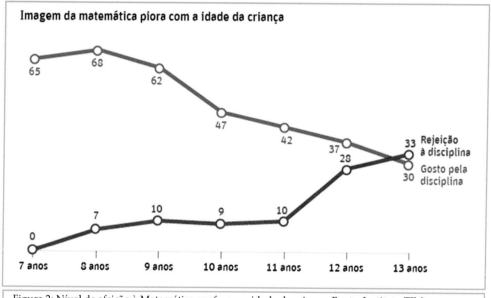

Figura 2: Nível de afeição à Matemática conforme a idade da criança. Fonte: Instituto TIM.

Mas esse quadro não traz novidade, se tomamos resultados de um estudo elaborado pelo Instituto TIM[3], conseguimos enxergar a seguinte fluência:

Justamente entre 12-13 anos a criança começa a perder o fascínio pelas Matemáticas, qual seja ainda na pré-adolescência. Isso impacta com outros dados computados pelo Instituto TIM, MEC e OCDE, nos últimos tempos, conforme se toma da Figura 3, na próxima página.

Aqui nota-se o momento da perda de interesse na aprendizagem escolar, notadamente entre o 5.º e o 9.º ano do Ensino Fundamental, quando 72% dessa população *"gostaria de ter mais ajuda para aprender matemática"* e 90% desses estão cientes de *"que precisam aprender matemática para ter uma boa profissão"*. Obviamente, 100% desses alunos recebem Educação Matemática de forma *sistemática* e

---

[3] Instituto da companhia de telefonia móvel TIM.

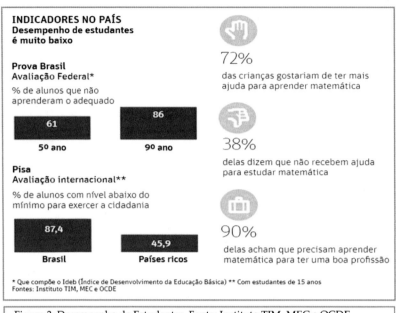

por *memorização* de conteúdo. Mesmo assim, 87,4% dos alunos brasileiros não mostram nível de educação, que se lhe permitam o exercício da cidadania, com menor propriedade ainda a proficiência.

Seguindo esses dados vamos observar que esse desfalecimento da eficiência e proficiência escolar de nossos jovens, supostamente pela perda de interesse

Figura 3: Desempenho de Estudantes. Fonte: Instituto TIM, MEC e OCDE.

em *"estudar"* (qual seja, memorizar conteúdo) já está devidamente documentado no estudo (SAEB) anual do Ministério de Educação e Cultura, realizado através do INEP (Instituto Nacional de Estudos e Pesquisas Educacionais Anísio Teixeira), do qual escolhemos os seguintes quadros:

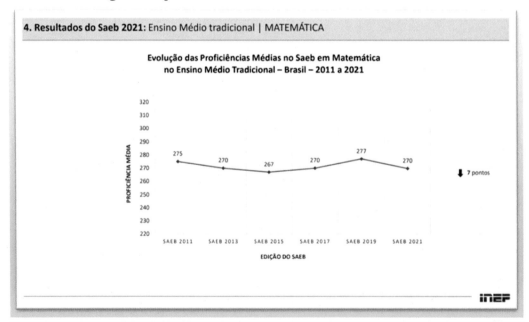

Figura 4: Proficiência em Matemática. Fonte: INEP. Modificação Nossa.

No quadro acima observa-se o declínio do rendimento escolar na disciplina Matemática ao Ensino Médio, ao longo dos últimos anos.

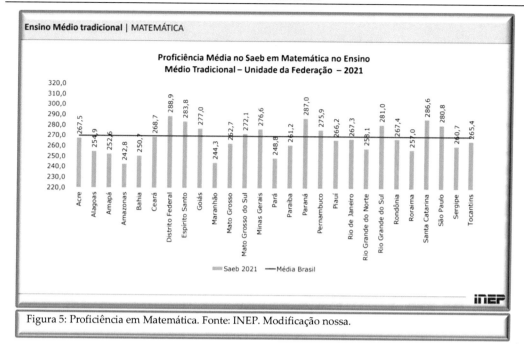

Figura 5: Proficiência em Matemática. Fonte: INEP. Modificação nossa.

A proficiência em Matemática é muito baixa, em especial em alguns Estados do Nordeste brasileiro, alguns bem abaixo da média brasileira, que em si, já é extremamente baixa.

Por fim, o retrato brasileiro da Educação Matemática. Em todo território nacional o "sem resultado" e o "abaixo da média nacional" predomina de forma assustadora e impressionante. É o momento de indagar: *Quo vadis*, Brasil?

Figura 6: Proficiência Média por Município. Fonte INEP. Modificação nossa.

Isso tudo é fruto de séculos de ineficiência e de abandono da Educação no Brasil, notadamente na Matemática. Por fim, a apologia da *memorização* e do *ensino sistemático* na Matemática, sem qualquer concatenação com as aplicações das Matemáticas em relação ao cotidiano e à realidade do aluno-cidadão.

Ainda, a formação do professor de Matemática deixou de ter qualquer relação com as reais necessidades do Ensino e da Didática da Matemática, para se tornar uma 'formação' sobre o que um professor deveria decorar para poder ensinar matemática. Com esse direcionamento, a formação do professor de matemática vai beirar o infinito como *limite superior* de nível de conhecimento, posto que quase tudo o que se sabe em matemática, poderia, em princípio, participar do conjunto de conhecimentos necessários para o Ensino da Matemática.

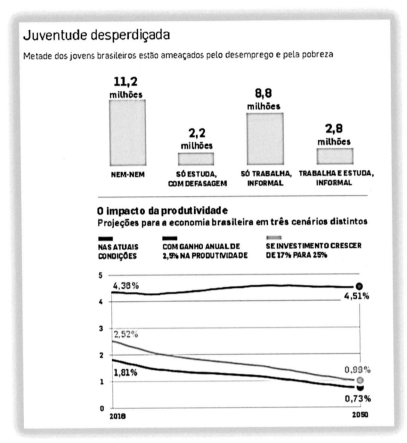

Figura 7: Juventude Desperdiçada. Fonte: Banco Mundial. Modificação nossa.

Depois dos 13 anos o drama do jovem brasileiro toma dimensão incomensurável, como mostra o quadro Juventude desperdiçada, como Figura 7.

- **Pensar como jovens matemáticos**

As Matemáticas já permearam a época Clássica, a Moderna, resta o porvir como Nova Matemática.

Por isso precisamos empreender a busca de novas genialidades em intuições, criações, inovações e desenvolvimentos nas Matemáticas. Mas essa tarefa é muito intricada, como leciona *Burger* & *Starbird* em *The Heart of Mathematics: An invitation to effective thinking*[4], quando pormenorizam esse embaraço neste arremate:

> Como abordamos as questões da vida que precisam ser resolvidas? Um passo crítico é **simplesmente começar**. Pense um pouco e siga em frente. Dar esse **primeiro passo**, embora essencial, muitas vezes é assustador; na maioria das vezes, **não possuímos uma compreensão clara de uma solução completa** ou mesmo não vemos como uma solução acabará por se encaixar. Esta situação é como ser

---

[4] O Coração da Matemática: Um convite ao pensamento eficaz. [Tradução nossa]

convidado a caminhar por uma floresta no escuro. **Sem conhecer o terreno**, a tendência natural é congelar como um cervo diante de faróis. No entanto, devemos aprender a não deixar que esse medo compreensível nos **paralise intelectualmente**; devemos dar um passo. É **somente tropeçando** em muitos pequenos passos intelectuais que eventualmente somos **capazes de fazer algum progresso**.[5] [Tradução e destaque nosso] (BURGER; STARBIRD, 2010, p. 5)

Logo em seguida, os mesmos autores conduzem um exemplo bem nítido e marcante para elucubração acima desposada, à seguinte expressão:

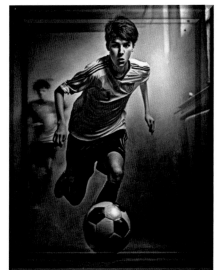

Por exemplo, imagine que somos **jogadores de futebol** com a bola no meio-campo. Nesta posição, **não podemos saber como uma meta será alcançada**, e não podemos parar para **visualizar toda a progressão do futuro antes de chutar a bola**. Em vez disso, nos movemos com o entendimento de que a estratégia de metas específicas se tornará clara à medida que as oportunidades surgirem.[6] [Tradução e destaque nosso] (*Ibda.*)

Pensar matemática é a solução mais evidente para a problemática contemporânea da Educação Matemática. Nessa linha tomamos da proeminente norte-americana Prof.ª *Marian Small*, a seguinte lição, *ad litteram*:

Há **tantas outras possibilidades** para trazer à tona os importantes **processos matemáticos**. Minha mensagem é que são os problemas que evocam explicitamente os padrões de prática que podem fazer a maior diferença para ajudar os alunos a **pensar como jovens matemáticos**. Também é útil para os alunos se os professores incorporarem termos como "**modelo**" e "**estrutura**" e "**ferramentas matemáticas**" apropriadamente em sua instrução para que os alunos entendam quando e **como estão engajados nessas práticas**.

---

[5] *How do we approach issues in life that need to be resolved? A critical step is simply to begin. Think a bit and then move forward. Taking that first step, though essential, is often scary; more often than not, we do not possess a clear understanding of a complete solution or even see how a solution will eventually fall into place. This situation is like being asked to walk through a forest in the dark. Without knowing the terrain, the natural tendency is to freeze like a deer in headlights. However, we must learn not to let this understandable fear paralyze us intellectually; we must take a step. It is only by stumbling through many small intellectual steps that we are eventually able to make any progress at all.*

[6] *For example, imagine we're soccer players with the ball at midfield. In this position we can ' t possibly know how a goal will be achieved, and we can ' t stop to envision the entire progression of the future before kicking the ball. Instead, we move with the understanding that the specific goal strategy will become clear as opportunities arise.*

Embora cada problema tenha aparecido em apenas um capítulo, muitas vezes **várias práticas** podem estar associadas a **um único problema** (como foi frequentemente indicado). Incutir essas práticas nos alunos não se trata tanto de **cumprir uma lista de verificação** de quantas práticas estão sendo abordadas em um determinado dia; é mais uma questão de **focar o ensino nesses tipos de problemas**. O resto, então, cuidará de si mesmo.[7] [Tradução e destaque nosso] (SMALL, 2017, p. 121)

- **Proficiência matemática**

Memorizar conteúdo, já não tem mais espaço nas Matemáticas. A linha do *pensar matemática* formata a Educação Matemática no Ensino Básico norte-americano há já muito tempo. Nesse sentido há um enorme enfoque no *estudante matematicamente proficiente*, que assim resta deslindado pela acima citada Prof.ª *Small*:

Estudantes **matematicamente proficientes** podem aplicar a matemática que conhecem para **resolver problemas que surgem na vida cotidiana**, na **sociedade** e no **local de trabalho**. Nas **primeiras séries**, isso pode ser tão simples quanto escrever uma equação de adição para descrever uma situação. Nas **séries intermediárias**, um aluno pode aplicar o raciocínio proporcional para planejar um evento escolar ou analisar um problema na comunidade. No **ensino médio**, um aluno pode usar **geometria para resolver um problema de projeto** ou usar uma **função para descrever**

---

[7] *There are so many more possibilities for bringing out the important mathematical processes. My message is that it is problems that explicitly evoke standards of practice that are the ones that may make the most difference in helping students think like young mathematicians. It is also helpful for students if teachers incorporate terms such as "model" and "structure" and "mathematical tools" appropriately in their instruction so that students understand when and how they are engaging in these practices.*

Even though each problem appeared in only one chapter, it is often the case that a number of practices might be associated with a single problem (as was frequently indicated). Instilling these practices in students is not so much about meeting a checklist of how many practices are being covered in a particular day; it is more a matter of focusing teaching on these kinds of problems. The rest will then take care of itself.

como uma quantidade de interesse depende de outra. **Estudantes matematicamente proficientes** que **podem aplicar o que sabem** se sentem à vontade para fazer **suposições** e **aproximações** para **simplificar uma situação complicada**, percebendo que elas podem precisar de revisão mais tarde. Eles **são capazes** de **identificar quantidades** importantes em uma situação prática e **mapear suas relações** usando ferramentas como diagramas, tabelas bidirecionais, gráficos, fluxogramas e fórmulas. Eles podem **analisar essas relações matematicamente** para tirar conclusões. Eles **rotineiramente interpretam seus resultados matemáticos** no contexto da situação e refletem se os resultados fazem sentido, possivelmente melhorando o modelo se ele não tiver servido ao seu propósito.[8] [Tradução e destaque nosso] (SMALL, 2017, p. 51)

Essas reflexões primeiras nos levarão a uma investigação mais próxima da realidade vivenciada pelo professor da Educação Básica, intentando soluções e contextos que possam mudar o quadro radicalmente da Educação Matemática, constituindo assim uma Nova Matemática, já auspiciada por muitos estudiosos.

Mudança de paradigmas será inevitável. Constrição em quantidade de saberes não vai minorar a qualidade dos alunos, visto que a qualidade dos saberes adquiridos e vivenciados, enriquecerá a proficiência dos alunos.

A Educação Matemática também terá que se harmonizar com as duas grandes populações de alunos: pensar linear e pensar complexo. Se linear ou complexo, desvendar o tipo de pensar do aluno-cidadão, isso não deixará de ser um pensar relevante e pertinente para as Matemáticas. Da mesma forma como o cirurgião não seria mais meritório ou importante que o clínico, os dois completam a Medicina; da mesma forma o pensar linear e o pensar complexo totalizam as Matemáticas.

---

[8] *Mathematically proficient students can apply the mathematics they know to solve problems arising in everyday life, society, and the workplace. In early grades, this might be as simple as writing an addition equation to describe a situation. In middle grades, a student might apply proportional reasoning to plan a school event or analyze a problem in the community. By high school, a student might use geometry to solve a design problem or use a function to describe how one quantity of interest depends on another. Mathematically proficient students who can apply what they know are comfortable making assumptions and approximations to simplify a complicated situation, realizing that these may need revision later. They are able to identify important quantities in a practical situation and map their relationships using such tools as diagrams, two-way tables, graphs, flowcharts, and formulas. They can analyze those relationships mathematically to draw conclusions. They routinely interpret their mathematical results in the context of the situation and reflect on whether the results make sense, possibly improving the model if it has not served its purpose.*

2   Linguagem

$\mathcal{L}$inguagem nas Matemáticas, por muito, é confundida com a própria Matemática. Todavia, a linguagem é um veículo importantíssimo para a comunicação entre pessoas, não *objeto em si* das ciências. Nesse sentido, a conceituada *Encyclopædia Britannica* epiloga na espécie o que segue, *ad litteram*:

> Muitas definições de linguagem têm sido propostas. *Henry Sweet*, um fonético inglês e estudioso da linguagem, declarou: "A linguagem é a **expressão de ideias** por meio de **sons da fala combinados em palavras**. As palavras são combinadas em frases, esta combinação respondendo àquela de **ideias** em **pensamentos**." Os linguistas americanos *Bernard Bloch* e *George L. Trager* formularam a seguinte definição: "Uma língua é um **sistema de símbolos** vocais arbitrários por meio dos quais um **grupo social coopera**". Qualquer definição sucinta de linguagem faz uma série de pressuposições e levanta uma série de questões. A primeira, por exemplo, dá peso excessivo ao "pensamento" e a segunda usa o "arbitrário" de forma especializada, embora legítima.[9] [Tradução e destaque nosso] (ROBINS; CRYSTAL, 2022)

Isso implica num conhecimento de linguagem como *sistema de símbolos* para a comunicação de grupos sociais, quer através da escrita, quer da fala, ou na combinação dessas.

Não tão distante está a conceituação das linguagens matemáticas, como se toma de um dos mais respeitados especialistas nesse particular, nomeadamente o Prof. *Vann McGee*, professor do *Department of Linguistics and Philosophy*, no *Massachusetts Institute of Technology* (MIT), com domínios em metafísica, em filosofia da linguagem, em lógica e também em filosofia da lógica, da matemática e da probabilidade, que assim se expressa:

---

[9] *Many definitions of language have been proposed. Henry Sweet, an English phonetician and language scholar, stated: "Language is the expression of ideas by means of speech-sounds combined into words. Words are combined into sentences, this combination answering to that of ideas into thoughts." The American linguists Bernard Bloch and George L. Trager formulated the following definition: "A language is a system of arbitrary vocal symbols by means of which a social group cooperates." Any succinct definition of language makes a number of presuppositions and begs a number of questions. The first, for example, puts excessive weight on "thought," and the second uses "arbitrary" in a specialized, though legitimate, way.*

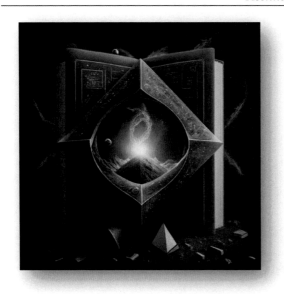

O *realismo matemático* é a doutrina de que os objetos matemáticos realmente existem, que as **afirmações matemáticas** são determinadamente **verdadeiras** ou **falsas** e que os **axiomas matemáticos aceitos são predominantemente verdadeiros**. Uma compreensão realista da teoria dos conjuntos é que, quando as **sentenças da linguagem** da teoria dos conjuntos são entendidas em seu significado padrão (de modo que '∈' representa a relação elementar e os quantificadores abrangem todos os conjuntos existentes), cada **sentença tem um valor de verdade determinado**, de modo que existe um **fato da questão se a cardinalidade** do *continuum* é $\aleph_2$ ou se existem cardinais mensuráveis, sejam ou não esses fatos conhecíveis por nós.[10] [Tradução e destaque nosso] (McGee, 1997, p. 35)

Ainda que, *McGee* trate da cardinalidade de fatos, não deixa de insistir que as sentenças matemáticas dispõem de **valor de verdade determinado**, que naturalmente é o conteúdo da comunicação que a linguagem produz para a comunidade dos matemáticos e pesquisadores. Dessa forma, a linguagem não encontra, não descobre ou cria, muito menos ainda vai analisar o conteúdo matemático, mas tão somente, através de sentenças, comunica seu *"valor de verdade determinado"* ou até mesmo a sua descoberta ou construção.

É bem verdade que a relação *linguagem versus matemáticas* não é tão harmônica como desejado. Isso nos instrui *Ferrari* com grande propriedade nos seguintes termos:

> O papel da linguagem na aprendizagem da matemática é um tópico crítico, e geralmente é tratado a partir de uma variedade de perspectivas teóricas. Uma **questão controversa são as relações entre os processos de comunicação e o desenvolvimento do pensamento**. Na opinião de alguns pesquisadores pensamento e comunicação estão intimamente ligados, enquanto outros os consideram

---

[10] *Mathematical realism is the doctrine that mathematical objects really exist, that mathematical statements are either determinately true or determinately false, and that the accepted mathematical axioms are predominantly true. A realist understanding of set theory has in that when the sentences of the language of set theory are understood in their standard meaning (so that '∈' stands for the element hood relation and the quantifiers range over all the sets there are), each sentence has a determinate truth value, so that there is a fact of the matter whether the cardinality of the continuum is $\aleph_2$ or whether there are measurable cardinals, whether or not those facts are knowable by us.*

processos bastante independentes.[11] [Tradução e destaque nosso] (FERRARI, 2004, p. 383)

E do mesmo autor tomamos mais o que segue:

A própria linguagem da matemática é interpretada a partir de uma **variedade de perspectivas**. Na opinião de boa parte dos matemáticos, as características específicas da linguagem matemática residem principalmente no **formalismo matemático**. Por outro lado, a linguagem verbal é amplamente utilizada em atividades matemáticas (incluindo pesquisa), e os problemas relacionados à linguagem não se limitam ao **componente simbólico**.[12] [Tradução e destaque nosso] *(Ibda.)*

Daqui tomamos a variedade de perspectivas, o formalismo matemático e a não limitação do componente simbólico. Evidentemente, *Ferrari* lembra-nos a incidência das qualidades hermenêuticas e exegéticas nas linguagens matemáticas, que como tratado mais a frente, estão presentes em todas as linguagens.

Ferrari ainda nos leva a uma reflexão enormemente instigante, como se pode observar abaixo:

Presumo que a maioria dos educadores matemáticos, independentemente do referencial teórico que adotem, concordaria que os problemas linguísticos podem prejudicar qualquer intervenção posterior, pois os **alunos podem entender mal o que lhes é dito ou lido, ou serem incapazes de expressar o que querem dizer**. Deve ser amplamente reconhecido também que esta questão se torna ainda

---

[11] *The role of language in mathematics learning is a critical topic, and it is usually dealt with from a variety of theoretical perspectives. A controversial issue is the relationships between communication processes and the development of thinking. In the opinion of some researchers thinking and communication are closely linked, whereas others regard them as quite independent processes.*

[12] *The language of mathematics itself is interpreted from a variety of perspectives. In the opinion of a good share of mathematicians the specific features of mathematical language chiefly reside in mathematical formalism. On the other hand, verbal language is widely used in mathematical activities (including research), and language-related troubles are not confined to the symbolic component at all.*

mais importante se **grupos de estudantes de línguas minoritárias** estiverem envolvidos.[13] [Tradução e destaque nosso] (*Ibda.*)

A dúvida surge naturalmente: a deficiência está no entendimento dos alunos (eventualmente de *línguas minoritárias*) ou na pouquidade linguística (ou extrema simplicidade) das linguagens matemáticas. Essa questão exige uma análise aprofundada. Mesmo ainda, quando o desenvolvimento galopante das Matemáticas, as expressões e sentenças linguísticas se tornam, não raro, ininteligíveis mesmo para matemáticos com larga experiência e desenvoltura científica.

Nesse particular, *Ferrari* conclui:

> Além disso, se alguém assume também que "aprender matemática pode agora ser definido como uma iniciação ao discurso matemático, ...", e as línguas são consideradas não como portadoras de significados pré-existentes, mas como construtoras dos próprios significados, então os meios linguísticos adotados na comunicação matemática são cruciais também no desenvolvimento do pensamento matemático. Assim, **recursos linguísticos pobres produziriam um desenvolvimento pobre do pensamento**.[14] [Tradução e destaque nosso] (*Ibda.*)

Figura 8: Évariste Galois (1811-1832). Fonte: MacTutor.

Aqui vale lembrar a tradição na Álgebra Abstrata em operar apenas ferramentas aritméticas, quando a Álgebra Abstrata foi urdida justamente nos empasses aritméticos para entestar equações de graus superiores. E nessa trilha encontramos a história de um dos maiores gênios da Matemática desde *Gauß*, nomeadamente *Évariste Galois*. Esse jovem francês, reconhecidamente desde a adolescência como buliçoso estudioso das Matemáticas, tentou por 2 vezes estudar matemática na mais reconhecida Escola Superior de sua época em Paris: *École Polytechnique*.

Infelizmente o menino *Galois* não logrou êxito; o motivo foi:

Algumas semanas após a morte de seu pai, *Galois* se apresentou para exame de ingresso na *École Polytechnique* pela segunda vez. Pela segunda vez ele falhou, talvez em parte porque o aceitou nas piores circunstâncias possíveis logo

---

[13] *I presume that most mathematics educators, no matter the theoretical frame they adopt, would agree that linguistic problems may undermine any further intervention, for students might misunderstand what they are told or they read, or be unable to express what they mean. It should be widely acknowledged too that this issue grows even more important if groups of language minority students are involved.*

[14] *Moreover, if one assumes too that "learning mathematics may now be defined as an initiation to mathematical discourse, ...", and languages are regarded not as carriers of pre-existing meanings, but as builders of the meanings themselves, then the linguistic means adopted in communicating mathematics are crucial also in the development of mathematical thinking. So, poor linguistic resources would produce poor development of thinking.*

após a morte de seu pai, em parte porque **nunca foi bom em comunicar suas profundas ideias matemáticas.**[15] [Tradução e destaque nosso] (O'CONNOR; ROBERTSON, 1996)

Essas circunstâncias que vão prejudicar fortemente o jovem revolucionário e matemático francês não está encoberto com qualquer lógica, posto que seus rendimentos na Matemática foram reconhecidos desde a pré-adolescência, conforme se toma abaixo:

De volta a *Louis-le-Grand, Galois* matriculou-se nas aulas de matemática de *Louis Richard.* **No entanto, ele concentrou-se cada vez mais em suas próprias pesquisas e cada vez menos em seus trabalhos escolares. Ele estudou** *Géométrie* **de** *Legendre* **e os tratados de** *Lagrange.* **Como Richard chegou a relatar:** Este estudante trabalha apenas nos reinos mais elevados da matemática.[16]

[...]

Ele foi aprovado, recebendo seu diploma em 29 de dezembro de 1829. Seu examinador em matemática relatou: Este aluno é **por vezes obscuro** na expressão das suas ideias, mas **é inteligente e mostra um notável espírito de investigação.**[17] [Tradução e destaque nosso] (*Ibda.*)

Ainda sobre a questão da linguagem em face da comunicação encontramos um interessante trabalho sob o título *"Linguagem e comunicação na educação matemática: um panorama das pesquisas na área"*[18]. Nesse trabalho, vamos perscrutar

---

[15] *A few weeks after his father's death, Galois presented himself for examination for entry to the École Polytechnique for the second time. For the second time he failed, perhaps partly because he took it under the worst possible circumstances so soon after his father's death, partly because he was never good at communicating his deep mathematical ideas.*

[16] *Back at Louis-le-Grand, Galois enrolled in the mathematics class of Louis Richard. However he worked more and more on his own researches and less and less on his schoolwork. He studied Legendre's Géométrie and the treatises of Lagrange. As Richard was to report*
This student works only in the highest realms of mathematics.

[17] *He passed, receiving his degree on 29 December 1829. His examiner in mathematics reported:*
This pupil is sometimes obscure in expressing his ideas, but he is intelligent and shows a remarkable spirit of research.

[18] *Language and communication in mathematics education: an overview of research in the field.*

uma importante guinada ainda não atinada pelos cursos de licenciatura, senão vejamos:

> Identificamos quatro grandes áreas de preocupação na educação matemática que são abordadas pela **pesquisa orientada para a linguagem**: análise do desenvolvimento do conhecimento matemático dos alunos; compreender a conformação da atividade matemática; compreender processos de ensino e aprendizagem em relação a outras interações sociais; e contextos multilíngues. Uma outra área de interesse que ainda não recebeu atenção substancial dentro da pesquisa em educação matemática é o **desenvolvimento das competências linguísticas** e conhecimentos necessários para a participação em práticas matemáticas.[19] [Tradução e destaque nosso] (**MORGAN et al., 2014**)

Não há como não deixar de observar uma incisiva mudança de postura, como *análise do desenvolvimento do conhecimento matemático, compreender a conformação da atividade matemática, compreender outras interações sociais, contextos multilíngues.* Por tudo isso, se ganha a forte impressão de que o Ensino da Matemática se torna um processo de compreender as matemáticas.

• Enguiços Linguísticos

As dificuldades linguísticas no âmbito da Educação Matemática nem sempre merecem as devidas preocupações por parte dos educadores. Essas dificuldades são bem mais constantes do que se espera. Elas se destacam habitualmente na tensão entre entender e representar, quando a inversa também procede. Se o aluno entende o problema da realidade, não significa que poderá representar facilmente em linguagem matemática; noutro momento, ele pode entender e manejar uma expressão de equação do segundo grau e desenvolver enorme embaraço para aplicá-la no seu cotidiano. O fenômeno se pode aduzir dessa admoestação em relação à conversão linguísticas de fenômenos da realidade, *in verbis*:

---

[19] *We identify four broad areas of concern in mathematics education that are addressed by language-oriented research: analysis of the development of students' mathematical knowledge; understanding the shaping of mathematical activity; understanding processes of teaching and learning in relation to other social interactions; and multilingual contexts. A further area of concern that has not yet received substantial attention within mathematics education research is the development of the linguistic competencies and knowledge required for participation in mathematical practices.*

Contudo, a atividade de **conversão não é tão simples**, o que leva Duval a tratar da **noção de congruência**. Assim, a conversão entre registros implica ser analisada em termos de "congruência", ou seja, sobre a correspondência semântica entre as unidades significantes de cada uma das representações (DUVAL, 1995, p. 45-52). Se há congruência entre duas representações, a passagem de uma à outra será mais evidente. Se for o contrário, o processo será extremamente difícil e delicado. [Destaque nosso] **(FLORES; MORETTI, 2008)**

No proêmio de um interessante e espirituoso artigo sobre a questão da *Análise Não-Standard*, assentado por 2 de seus alunos da pós-graduação, o Prof. Irineu Bicudo (Departamento de Matemática da UNESP - Rio Claro- SP) nos traz a seguinte questão;

O fato de o Cálculo Infinitesimal ser inteiramente baseado na noção de limite tem como efeito colateral um grave defeito para a Matemática: esvazia completamente toda consideração de grandeza; por exemplo, para ela não há qualquer diferença qualitativa entre números como $1, 10^{-2}, 10^{-100}, 10^{-1000}$.

Antes de trabalharem em termos de limite, os matemáticos recorriam aos **infinitamente pequenos** e aos **infinitamente grandes** (*Guillaume de l'Hospital, Leibniz...*). O fracasso de todas as tentativas de **teorização dos infinitésimos** conduziu *d'Alembert*, *Lagrange* e *Cauchy*, depois e *Weierstrass* e *Dedekind* a **rejeitá-los em proveito do conceito (moderno) de limite**, considerado como remédio (com o **efeito colateral** acima descrito) para o mal da **falta de rigor**. Aquele defeito **não pode ser desconsiderado** quando se leva em conta o vasto campo de aplicação da Matemática: o físico, o engenheiro, o biólogo, o economista, etc. podem praticá-la tanto quanto o matemático. [Destaque nosso] **(BICUDO, 1992)**

Aqui é retratado um revés extremante sério e geralmente, no mínimo, desmerecido nos círculos matemáticos, mas que corrobora para um estremecido intercurso entre a teoria e a prática das Matemáticas. E o Prof. Irineu está com plena razão quando qualifica essa situação como *mal da falta de rigor*. Em tom um pouco jocoso, ele conclui:

> Nas ciências da natureza, bem como nas humanas, a consideração de ordens de grandeza diferentes e comparáveis é a mais incontornável possível; talvez para o físico e para o engenheiro, o remédio seja pior do que o mal (o que nos faz lembrar a quadrinha que a tradição atribui ao grande sonetista português Bocage):
> Aqui jaz um homem rico
> Nesta rica sepultura,
> Que sarava da moléstia
> Se não morresse na cura. [Destaque nosso] (*Ibda.*)

É bem verdade que nas diversas linguagens há de se observar inúmeras imperfeições e falta de rigor, mas aos profissionais da área portam sempre o múnus, em especial na formação de jovens, de advertir sobre essas impurezas, sob o malefício, dessas imperfeições espargir na própria ciência, *in caso*, nas Matemáticas.

- **Sintaxe**

Não se pode, em especial, quando referido às Matemáticas, tratar de Sintaxe sem lembrar de *Paul Rudolf Carnap* (1891 – 1970), matemático, físico e filósofo alemão, versado doutrinador do empirismo lógico, seguidor de *Gottlob Frege*, de *Bertrand Russell* e de *Alfred North Whitehead*.

Na sua segunda grande obra, *Sintaxe Lógica da Linguagem*[20] [Tradução nossa] (1934), *Carnap* vai defender uma filosofia construída por meio da "lógica científica", qual seja pela análise lógica da linguagem científica, assim formulando:

> Queremos entender o termo '**lógica científica**' em um sentido muito amplo. Deve significar a área de todas as questões que normalmente são referidas como **lógica pura e aplicada**, como análise lógica das áreas individuais da ciência ou da ciência como um todo, como epistemologia, como problemas fundamentais ou similares.[21] [Tradução e destaque nosso] (CARNAP, 1934)

A compreensão esposada por *Carnap* sobre o mecanismo que uma palavra ou um termo aufere significado, foi descrito

---

[20] *Logische Syntax der Sprache.*

[21] *Die Bezeichnung ,Wissenschaftslogik' wollen wir in einem recht weiten Sinn verstehen. Es soll damit das Gebiet aller der Fragen gemeint sein, die man etwa als reine und angewandte Logik, als logische Analyse der einzelnen Wissenschaftsgebiete oder der Wissenschaft im Ganzen, als Erkenntnistheorie, als Grundlagenprobleme oder ähnlich zu bezeichnen pflegt.*

em sua obra *A Superação da Metafísica pela Análise Lógica da Linguagem*[22] [Tradução nossa] no seguinte arremate:

> Vamos resumir brevemente o resultado de nossa análise. Seja *"a"* alguma palavra e *"S(a)"* a sentença elementar onde ela ocorre. A condição necessária e suficiente para *"a"* ser significativa pode ser dada por cada uma das seguintes formulações, que em última instância dizem a mesma coisa:
>
> 1. Os critérios empíricos para *"a"* são conhecidos.
> 2. Foi estipulado a partir de quais sentenças protocolares *"S(a)"* é dedutível.
> 3. As condições de verdade para *"S(a)"* foram fixadas.
> 4. O método de verificação de *"S(a)"* é conhecido.[23] [Destaque nosso] (CARNAP, 1931, p. 224)

Como visto, nas linguagens matemáticas, o processo semântico é bem mais complexo que esperado, perpassando formulação de critérios empíricos, sentenças de dedução, condições de verdade e método de verificação. Importante ressaltar que *Carnap* não fala em demonstração. E pelo descrito, o matemático necessita de processos empíricos na elaboração de sentenças sintáticas.

Naturalmente, para *Carnap* a lógica matemática é bem mais eficiente para constituir sentido para as palavras do que a Metafísica, que na leitura dele, é bem difusa, no mínimo insegura.

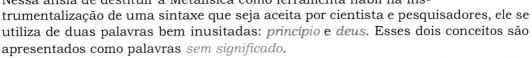

Nessa ânsia de destituir a Metafísica como ferramenta hábil na instrumentalização de uma sintaxe que seja aceita por cientista e pesquisadores, ele se utiliza de duas palavras bem inusitadas: *princípio* e *deus*. Esses dois conceitos são apresentados como palavras *sem significado*.

Ad princípio, ele discorre com várias indagações, e.g. princípio do mundo, das coisas, da existência e do ser, da água, do número, da forma, do movimento, da vida, do espírito da ideia e algumas outras. Finda por simplificar numa expressão do tipo

---

[22] *Überwindung der Metaphysik durch logische Analyse der Sprache* [Tradução por *William Steinle*, disponível em: https://www.revistas.usp.br/filosofiaalema/article/download/123996/120161]

[23] *Das Ergebnis unserer Überlegungen sei kurz zusammengefaßt. „a" sei irgendein Wort und „S(a)" der Elementarsatz, in dem es auftritt. Die hinreichende und notwendige Bedingung dafür, daß „a" eine Bedeutung hat, kann dann in jeder der folgenden Formulierungen angegeben werden, die im Grunde dasselbe besagen:*
1. Die empirischen Kennzeichen für „a" sind bekannt.
2. Es steht fest, aus was für Protokollsätzen „S(a)" abgeleitet werden kann.
3. Die Wahrheitsbedingungen für „S(a)" liegen fest.
4. Der Weg zur Verifikation von „S(a)" ist bekannt[1]. [Tradução por William Steinle, disponível em: https://www.revistas.usp.br/filosofiaalema/article/download/123996/120161]

"*x* é o princípio de *y*", "*y* surge de *x*", "o ser de *y* repousa sobre o ser de *x*", "*y* existe por virtude de *x*". Entretanto, na avaliação de *Carnap* (*Ibda.*, p. 224-225), estas palavras continuam *ambíguas* e *vagas*, justo por a Metafísica não necessitar do processo empírico para definir palavras ou conceitos.[24]

Ad deus, naturalmente ele deseja diferenciar entre o ambiente mitológico e o teológico. Mesmo assim entre o *Monte Olimpo* e o *Céu*, *Carnap* não enxerga uma maneira de conceber significado para esses vocábulos. Por fim conclui que são entes abstratos, porquanto destituídos de significado, já que inacessíveis pelo experimento ou pelo empirismo.

Grande infelicidade assiste a *Carnap* nessa análise, apesar de longa argumentação. As Matemáticas, assim como todas outras ciências, não podem prescindir do uso da Metafísica para elucidar suas questões, mesmo porque as Matemáticas possuem um vasto universo abstrato e transcendental para mensurar e analisar.

Para melhor compreender e perceber a importância da Metafísica nas Matemáticas nos utilizamos de objetos pictóricos da Geometria. Para tanto, à análise metafísica da projeção ortogonal do corpo cilíndrico no espaço, gerando duas sombras desse objeto, cada uma indicando objetos geométricos diferentes (quadrado e circunferência) verificamos que as três figuras, apesar do antagonismo, são verdadeiras e inerentes a esse corpo, considerada a incidência de raios de luz. Dessa forma, a Metafísica vai indicar situações onde um corpo pode ter avaliações diferentes ou até antagônicas, e que o descreva como 3 figuras de diferentes geometrias. Assim, a Metafísica corrobora para uma precisão e completude na análise matemática, ofertando-lhe uma qualidade de excelência. (Veja a Figura 9)

Figura 9: Importância da Metafísica nas Matemáticas. Fonte: internet (modificação nossa)

Mas, em contrário, faz-se necessário admitir que a exigência da atividade experimental e empírica na Matemática, aqui levantada por *Carnap* é por demais inteligível e louvável, mas sem prejuízo do uso da Metafísica, que talvez seja a ferramenta mais importante no trabalho matemático, após a Metamatemática. Alcançar precisão e excelência sem o uso da Metafísica e da Metamatemática é para o matemático encargo impossível.

Indiscutivelmente *Carnap* influenciou e ainda se impõe nas discussões sobre questões semânticas. Em sua dissertação de mestrado, o filósofo paulista *Tiago Tranjan* deseja entender essa influência, em especial, na seguinte ambiência, *in verbis*:

> A Sintaxe Lógica da Linguagem, escrita por Rudolf *Carnap* no início da década de 1930, contém alguns aspectos notáveis. Dois deles, em particular, atraem a atenção dos estudiosos até hoje: a ideia inovadora defendida por *Carnap* – expressa pelo **Princípio de**

---

[24] Talvez Carnap desconheça que a maioria dos matemáticos defende a desnecessidade do processo empírico para a construção e verificação de entes, conceitos e axiomas da Matemática.

Tolerância – de que não haveria uma moldura lógica privilegiada dentro da qual descrever o mundo; e a definição de analiticidade desenvolvida por *Carnap* para captar a **noção de "verdade matemática"**, em que aparecem, de forma pioneira, métodos hoje associados à moderna teoria semântica. [Destaque nosso] (TRANJAN, 2005, p. 4)

Mesmo assim descrevendo, *Tranjan* não vai concordar com a missão primeira de *Carnap*, qual seja transformar a filosofia numa simples análise lógica semântica, como se depreende da constatação a seguir:

A ideia de **substituir a filosofia**, em toda sua amplitude, **pela simples análise sintática**, é inegavelmente estranha. Em certa medida, e com o auxílio de alguma perspectiva histórica, não podemos nos furtar à impressão de que **o projeto de Carnap parece fadado ao fracasso desde o início**, devido à própria ambição com que é concebido. Trata-se de uma redução grande demais: Substituir toda a filosofia, área ilimitada do pensamento humano, pelo mero estudo de estruturas formais. Esse projeto, contudo, irá nos parecer menos enigmático se tivermos em mente – também desde o início – que ele é baseado não em uma, mas em duas reduções distintas. E que essas duas reduções possuem significados bem diferentes. [Destaque nosso] (*Ibda.*, p. 12)

De forma idêntica se pode transferir a constatação de *Tranjan* para as Matemáticas, que, como a Filosofia, detêm gigantesco haveres em conhecimentos, intuições, axiomas e abstrações que envolvem toda a realidade conhecida e a conhecer pela humanidade em todos os tempos.

Nas Matemáticas não raro enfrentamos emaranhados e ensarilhados por demais ambíguos. Isso já ocorre com os trabalhos de *Gödel* em relação à Aritmética, que *Tarski* tenta solucionar, pelo menos melhorar. Mas quando *Carnap* peleja por desvendar esse emaranhado, então as circunstâncias e fundamentos restam insustentáveis. Há coisas da Matemática Clássica que não se deixa *euclidianizar*, então é tempo de assumir a postura *não-euclidiana*. Decididamente, estamos nessa situação no caso aqui analisado da obra de *Carnap*.

Seguindo ainda a vereda de *Tranjan*, vejamos essa sua asseveração, no mínimo inusitada:

Exatamente em que ponto, então, **Carnap falhou** ao tentar oferecer uma **solução abrangente** para a nova situação delineada pelo teorema de incompletude? É essa a questão que a seguir nos ocupará. [Destaque nosso] (*Ibda.*, p. 128)

Tranjan, empós longas dissertações, explanações e citações, chega assim à leitura daquilo que *Carnap* entende a título de Princípio de Tolerância, *ad litteram*:

> Para Carnap, é necessário desenvolver **diferentes sistemas lógicos**, cada um dos quais dotado de **regras sintáticas claras**. Um sistema lógico, nesse sentido, é um cálculo simbólico descrito de maneira clara o suficiente para permitir a compreensão de suas regras (ver Capítulo 2). Qualquer cálculo simbólico, desde que bem formulado, é admissível como sistema lógico. A única medida que temos para **comparar esses diferentes sistemas** deve ser procurada **na ciência**. Isso porque uma **linguagem formal** não é desenvolvida para ser um mero "brinquedo" formal, mas para permitir a **descrição de certos domínios de interesse científico**. As diferentes linguagens, portanto, poderão mostrar-se mais ou menos adequadas de acordo com as necessidades de uma ou outra ciência. As **relações lógicas** verificadas dentro das diferentes linguagens (sua estrutura dedutiva) poderão ou não espelhar relações encontradas em **um ou outro ramo do conhecimento**. E somente essa **utilização prática** é que

> permitirá selecionar entre os muitos sistemas lógicos possíveis – **não de maneira absoluta**, com o objetivo de escolher ou encontrar o único sistema lógico verdadeiro, mas de maneira relativa, segundo os critérios e a metodologia local de cada ciência. [Destaque nosso] (*Ibda.*, p. 142)

Em seguida o mesmo *Tranjan* ainda comenta:

> Do nosso ponto de vista, interessa agora enfatizar que a adoção do **Princípio de Tolerância** corresponde, do ponto de vista de Carnap, a uma **rejeição de qualquer ideia de verdade absoluta** em matéria de lógica. Para ele, não é possível falar em uma única lógica "verdadeira", que traduza algo como as "verdadeiras" relações (lógicas) verificadas no mundo. [Destaque nosso] (*Ibda.*, p. 143)

Facit: Carnap enseja uma lógica particular para a Matemática, pelo menos para a Aritmética, talvez para encapotar as contradições contidas no seu método e teoria analítica (analiticidade).

Já na aferição do critério *carnapiano* da "Verdade Matemática", o filósofo paulista assim se expressa:

Por outro lado, é necessário compreender as razões que levam Carnap a recusar, veementemente, o conceito de "verdade" como um conceito logicamente admissível, ao mesmo tempo em que trabalha – conforme veremos – sob sua influência ineludível e poderosa.

De maneira geral, pode-se dizer que há uma **constante tensão, fundamental** para a compreensão de SLL[25], entre a noção sintática de analiticidade – solução oferecida por Carnap para os problemas teóricos que enfrenta – e a noção – que Carnap considera como não-sintática, e portanto intratável do ponto de vista lógico – de verdade. **Essa tensão perpassa todo o livro.** [Destaque nosso] (*Ibda.*, p. 121)

E a dita tensão pela contradição sobre existência de uma verdade na sua teoria não dissipa em nenhum momento. Em contrário, torna-se relevante e substancial em múltiplos cenários. Não obstante, restou claro que sintaxe nas Matemáticas é fortemente influenciada pela lógica, mesmo que da linguagem.

- **Semântica**

Não é muito incomplexo completar uma conceituação de semântica. *Feist* faz uma tentativa e assim se exprime:

Em segundo lugar, parece essencial distinguir entre **significado linguístico** (presumivelmente na faculdade linguística) e **significado cognitivo** (presumivelmente na faculdade cognitiva), como se existissem dois estratos "semânticos". Poderíamos evitar essa dicotomia se falássemos de um gradiente entre os dois, o que é mais preciso em um aspecto (ver Capítulo 3, §2.4 sobre áreas de significado), mas

---

[25] Sigla de Sintaxe Lógica da Linguagem.

sentidos **complexos** comumente combinam elementos **cognitivos** e **linguísticos**.[26] [Tradução e destaque nosso] (FEIST, 2022, p. 281)

A seguir completa:

"Semântica" pode então significar "**fazer com significado na linguagem**". Significado na língua **é tudo o que seus signos evocam nos ouvintes e leitores** de acordo com o sistema gramatical da língua; que exclui as interpretações idiossincráticas do ouvinte e (é claro) qualquer "significado" que o falante pretenda, mas não perceba nos singnos. Quanto ao "significado", parece melhor estender seu significado ao da significação do que restringi-lo aos sentidos mais variados e mal definidos que teve no passado.[27] [Tradução e destaque nosso] (*Ibda.*, p. 182)

Ainda na lição de *Feist*, se toma sobre estrutura semântica:

Diferentes tipos de estrutura semântica ocorrem porque, conforme observado nos princípios gerais (Capítulo 1, §5), a linguagem serve a funções diferentes (que em muitos casos precisam de estruturas diferentes) e porque a linguagem muda prontamente o suficiente para desenvolver novas estruturas.

Não se supõe que todas as línguas tenham as estruturas discutidas neste capítulo. Em particular, parece-me que algumas **línguas não têm estrutura de grupo**, e espero que algumas não tenham uma estrutura linguística **acima da oração**, e a estrutura linguística pode ser apenas a das **palavras em um enunciado**. Isso acarretaria limitação da estrutura semântica, bem como limitação da estrutura sintática.[28] [Tradução e destaque nosso] (*Ibda.*, p. 182)

---

[26] *Second, it seems essential to distinguish between linguistic meaning (in the linguistic faculty, presumably) and cognitive meaning (presumably in the cognitive faculty), as if there are two "semantic" strata. We could avoid that dichotomy if we spoke of a gradient between the two, which is more accurate in one respect (see Chapter 3, §2.4 on areas of meaning), but complex senses commonly combine cognitive and linguistic elements.*

[27] *"Semantic" can then mean "to do with significance in language". Significance in language is whatever its signs evoke in hearers and readers in accordance with the language's grammatical system; that excludes idiosyncratic hearer interpretations, and (of course) any "meaning" the speaker intends but does not realise in signs. As to "meaning", it seems better to extend its meaning to that of significance than to restrict it to the varying and ill-defined narrower senses it has had in the past.*

[28] *Different kinds of semantic structure occur because, as noted in the general principles (Chapter 1, §5), language serves different functions (which in many cases need different structures), and because language changes readily enough to develop new structures.*

Com isso *Feist* oferece às linguagens matemáticas o direito às suas simplicidades e sinteticidades estruturais semânticas.

Todavia, para os matemáticos essas questões continuam confusas ou vagas. Mas, nada que não se contorne, como nos ensina pesquisadores de *Cambridge*, de forma bem clara e convincente, *in litteris*:

> Semântica é o estudo do significado na linguagem.
>
> [...]
>
> Pode parecer a você que o significado é tão **vago, insubstancial** e **evasivo** que é impossível chegar a qualquer conclusão clara, concreta ou tangível sobre ele. Esperamos convencer-lhe de que, por meio de uma reflexão cuidadosa sobre o idioma que você fala e a maneira como é usado, **pode-se chegar a conclusões definitivas sobre o significado.**[29] [Tradução e destaque nosso] (HURFORD; HEASLEY; SMITH, 2007, p. 1)

Esse livro é um excelente instrumento para a habilitação no manejo da semântica, não só em inglês. Os autores apresentam várias situações, diálogos, trechos literários e frases, que são analisadas na prática e devidamente comentados nos pormenores, possibilitando assim o exercício intensivo do uso da análise semântica em vários casos específicos.

Entre os inúmeros comentários de grande relevância, escolhemos o seguinte:

> Todas as coisas ditas nesta conversa

são significativas de uma forma ou de outra. Mas não se deve igualar significação com informatividade em um sentido estrito. Embora seja verdade que muitas sentenças carreguem informações de maneira direta, também é verdade que muitas sentenças

---

It is not assumed that all languages have the structures discussed in this chapter. In particular, it seems to me that some languages do not have group structure, and I expect that some do not have a linguistic structure above that of the clause, and the linguistic structure may be only that of words in an utterance. That would entail limitation of the semantic structure, as well as limitation of the syntactic structure.

[29] *Semantics is the study of meaning in language.*

[...]

It may seem to you that meaning is so vague, insubstantial, and elusive that it is impossible to come to any clear, concrete, or tangible conclusions about it. We hope to convince you that by careful thought about the language you speak and the way it is used, definite conclusions can be arrived at concerning meaning.

são usadas pelos falantes não para fornecer alguma informação, mas para manter as rodas sociais girando suavemente.

Assim, a troca não informativa de A e B sobre o tempo serve para assegurar a ambos que existe um relacionamento amigável e cortês entre eles. Mesmo quando as sentenças produzidas são de fato informativas, como quando B conta a A sobre sua próxima viagem à França, o ouvinte muitas vezes não tem necessidade específica da informação dada. A prestação de informações é em si um ato de cortesia, realizados para fortalecer as relações sociais. Isso também faz parte da comunicação.[30] [Tradução e destaque nosso] (*Ibda.*, p. 4)

A escolha recaiu nesse trecho para formular a seguinte reflexão: Esse contexto se aplica às linguagens matemáticas? Se pensarmos o antigo e recorrente embrulho da radiciação e a qualidade de seu resultado: $\sqrt{4} = 2$ ou $\sqrt{4} = \pm2$. Qual dessas expressões carrega informação? Ou as duas carregam informação? São esses tipos de situações que levam as Matemáticas a buscarem novos conhecimentos e/ou definições através do estudo semântico das expressões, mesmo ao uso da Metamatemática ou da Metafísica.

✓ Modelo dos Campos Semânticos (MCS)

Trata-se de um sistema, muito mais uma postura, no Ensino da Matemática, descrito de formas diferentes e conforme a *fasson* de cada autor, que exsurge, e.g., da constatação que numa sala de aula com um professor e 30 alunos, de tudo o que for ensinado, discutido e estudado, resultará em 31 cognições diferentes, conforme a estrutura de personalidade e histórico sociopsicológico de cada um. Relatos falam de mais de 20 anos de prática desse sistema.

O arcabouço teórico do MCS é bem embaraçado e vasto, entretanto na decodização de LINS (2012) podemos identificar os seguintes elementos:

---

[30] *All the things said in this conversation are meaningful in one way or another. But one must not equate meaningfulness with informativeness in a narrow sense. While it is true that many sentences do carry information in a straightforward way, it is also true that many sentences are used by speakers not to give information at all, but to keep the social wheels turning smoothly.*

Thus A and B's uninformative exchange about the weather serves to reassure them both that a friendly courteous relationship exists between them. Even when the sentences produced are in fact informative, as when B tells A about his forthcoming trip to France, the hearer often has no specific need for the information given. The giving of information is itself an act of courtesy,

performed to strengthen social relationships. This is also part of communication.

Conhecimento

Um conhecimento consiste em uma crença-afirmação (o sujeito enuncia algo em que acredita) junto com uma justificação (aquilo que o sujeito entende como lhe autorizando a dizer o que diz).

Acreditar (Crença)

Aqui é preferível uma caracterização pragmática: direi que uma pessoa acredita em algo que diz se age de maneira coerente com o que diz.

Autor-Texto-Leitor

Quem produz uma enunciação é o autor. O autor fala sempre na direção de um leitor, que é constituído (produzido, instaurado, instalado, introduzido) pelo o autor. Quem produz significado para um resíduo de enunciação é o leitor. O leitor sempre fala na direção de um autor, que é constituído (produzido, instaurado, instalado, introduzido) pelo o leitor.

Campo Semântico

Um processo de produção de significado, em relação a um núcleo, no interior de uma atividade.

Interlocutor

O interlocutor é uma direção na qual se fala. Quando falo na direção de um interlocutor é porque acredito que este interlocutor diria o que estou dizendo e aceitaria/adotaria a justificação que me autoriza a dizer o que estou dizendo.

Justificação

Não é justificativa. Não é explicação para o que digo. Não é algum tipo de conexão lógica com coisas sabidas. É apenas o que o sujeito do conhecimento (aquele que o produz, o enuncia) acredita que o autoriza a dizer o que diz.

Legitimidade/Verdade

Para o MCS, "verdadeiro" não é um atributo daquilo que se afirma (quando há produção de conhecimento), mas sim um atributo do conhecimento produzido. Já legitimidade aplica-se (ou não) a modos de produção de significado.[31]

Leitura Plausível/Leitura Positiva

Plausível porque "faz sentido", "é aceitável neste contexto", "parece ser que é assim"; positiva porque é o oposto de uma "leitura pela falta".

Núcleo

O núcleo de um campo semântico é constituído por estipulações locais, que são, localmente, verdades absolutas, que não requerem, localmente, justificação.

Resíduo de Enunciação

Algo com que me deparo e que acredito ter sido dito por alguém.

Significado/Objeto

Significado de um objeto é aquilo que efetivamente se diz a respeito de um objeto, no interior de uma atividade. Objeto é aquilo para que se produz significado Sempre que há produção de significado há produção de conhecimento e vice-versa, mas conhecimento e significado são coisas de naturezas distintas.

Sujeito Biológico, Sujeito Cognitivo

Se todos os sujeitos biológicos morrerem, isto não implica que eu, como sujeito biológico, morra por causa disto. Se todos os sujeitos cognitivos morrerem (para mim; um apagamento), isto implica que eu, como sujeito cognitivo, morro.

O instinto de sobrevivência do ser biológico manifesta-se na alimentação e na reprodução. O instinto de sobrevivência do ser cognitivo se manifesta na pertinência (a culturas, práticas culturais, práticas sociais); "ser internalizado" quer dizer, precisamente, "ser pertencido". Produzir significado é a estratégia que permite, na luta pela sobrevivência cognitiva, a pertinência. [Adaptação nossa] (*Ibda.*, p. 3-29)

Toda essa (no mínimo indigesta) quadro de conceitos de matizes antropológica, psicológica e também de etnia, intrinca a compreensão e aplicação do MCS, mas *Lins* considera importante e para quem acha isso inoportuno, ele recomenda ler "*o excelente Almanaque Armorial, de Ariano Suassuna.*" (*Ibda.*, p. 4)

Porém, em regra, o sistema não é tão confuso como parece, só exige que o professor pondere que cada aluno possui um aparelho cognitivo e historicidade individual e porquanto, não pensam e trabalham o conteúdo apresentado pelo professor em conjunto com os demais alunos, mas separadamente e de forma aleatória e

---

[31] Como consequência de ser enunciado na direção de um interlocutor, e de ter mesmo sido produzido, todo conhecimento é verdadeiro. Isto não quer dizer que aquilo que é afirmado seja "verdade".

diferente um do outro. E nessa premissa toda a nossa atividade didática e pedagógica deverá se basear para que obtenha algum sucesso. Mas, para melhorar a interação das cognições, recomenda-se incentivar a interlocução entre os alunos para que se conheça as subjetividades e individualidades do entendimento dos alunos, mesmo que com isso um certo nível de desalinho possa surgir.

Contudo, *Lins* deseja que seu sistema seja visto como

"um modelo epistemológico que propõe que conhecimento é uma **crença-afirmação** junto com uma justificação para a crença-afirmação. Indicamos, desta forma, que conhecimento é algo do domínio da enunciação — e que, portanto, todo conhecimento tem um sujeito — e não do domínio do enunciado; podemos também expressar este fato dizendo que conhecimento é do **domínio da fala**, e não do texto". [Destaque nosso] (LINS, 1994, p. 29)

Discordamos radicalmente de *Lins* quando ele afirma que o conhecimento seja apenas do *domínio da fala e não do texto*. Mesmo em sala de aula, o aluno tem acesso à fala do professor, mas também e sobretudo do que foi escrito na lousa, bem como da totalidade do que consta no livro didático. Porquanto, a conjunção entre fala e texto está presente no momento em que o aluno se apossa do conhecimento. E suas teorias estão infestadas dessas burlas, que evidentemente maleficia grande parte do sistema por ele inventado.

Num outro momento ele assim se expressa:

A álgebra, como a Matemática, é um texto, e falaremos de conhecimento algébrico sempre que se enuncie, que se fale um conhecimento relativo a este texto, isto é, cuja crença-afirmação seja reconhecida como pertencendo a este texto. (*Ibda.*)

Reduzir a Álgebra e as Matemáticas a texto é pura teratologia, posto que denega o instrumento da abstração tanto numa como na outra, bem como a intuição e a criação abstrata nessas áreas. De outra forma, a própria semântica encerra também a possibilidade de um metatexto, porquanto explora bem além do texto. A abordagem de todos os *deslizes* metafísicos e ontológicos realizados por *Lins* nessa obra, extrapolaria as circunstâncias deste trabalho, motivo pelo qual ficamos nesses poucos exemplos.

Em síntese, consideramos a ideia inicial de *Lins* (considerar na Educação Matemática a aprendizagem e a cognição diferenciadas para todo indivíduo/aluno) muito interessante e necessária, mas a parte de teorização do sistema e de fundamentação necessita *in totum*, de ampla e profunda revisão. Nem tudo aquilo que não brilha deixa de ser diamante; às vezes só necessita de lapidação para alcançar o brilho.

✓ Equivalência Semântica

No sentido estritamente matemático, a Equivalência Semântica restou descrita por vários autores, quando privilegiamos a versão adotada pelo Prof. *Wolfgang Rautenberg, (Fachbereich Mathematik und Informatik, Freie Universität Berlin)[32]*, que assim entende:

> ### 1.3 Equivalência Semântica e Formas Normais
>
> Ao longo deste capítulo, w sempre denotará uma valoração proposicional. As fórmulas α, β são chamadas (lógica ou semanticamente) equivalentes, e escrevemos $\alpha \equiv \beta$, quando $w\alpha = w\beta$ para todas as avaliações w. Por exemplo $\alpha \equiv \neg \neg \alpha$. Obviamente, $\alpha \equiv \beta$ se para qualquer n tal que α, $\beta \in \mathcal{F}n$, ambas as fórmulas representam a mesma n-ária função booleana. Segue-se que no máximo equações $2^{(2^{(n)})}$ em $\mathcal{F}n$ podem ser inequivalentes aos pares, uma vez que não há mais do que $2^{(2^{(n)})}$ funções booleanas n-árias.[33] [Tradução e destaque nosso] (RAUTENBERG, 2010, p. 31)

A título de propriedades, o mesmo destacado mestre alemão arrola o que segue:

$$
\begin{array}{lll}
\alpha \wedge (\beta \wedge \gamma) \equiv \alpha \wedge \beta \wedge \gamma, & \alpha \vee (\beta \vee \gamma) \equiv \alpha \vee \beta \vee \gamma & \text{(associativity);} \\
\alpha \wedge \beta \equiv \beta \wedge \alpha, & \alpha \vee \beta \equiv \beta \vee \alpha & \text{(commutativity);} \\
\alpha \wedge \alpha \equiv \alpha, & \alpha \vee \alpha \equiv \alpha & \text{(idempotency);} \\
\alpha \wedge (\alpha \vee \beta) \equiv \alpha, & \alpha \vee \alpha \wedge \beta \equiv \alpha & \text{(absorption);} \\
\alpha \wedge (\beta \vee \gamma) \equiv \alpha \wedge \beta \vee \alpha \wedge \gamma, & & \text{($\wedge$-distributivity);} \\
\alpha \vee \beta \wedge \gamma \equiv (\alpha \vee \beta) \wedge (\alpha \vee \gamma) & & \text{($\vee$-distributivity);} \\
\neg(\alpha \wedge \beta) \equiv \neg\alpha \vee \neg\beta, & \neg(\alpha \vee \beta) \equiv \neg\alpha \wedge \neg\beta & \text{(de Morgan rules).}
\end{array}
$$

Figura 10: Fonte RAUTENBERG, 2010, p. 31, modificação nossa.

Uma aplicabilidade extremamente inusitada da Equivalência Semântica, mas de igual forma relevante e emocionante, trata-se da chamada Experiência de Quase-Morte (EQM), que vai mensurar e analisar complexo de vivências místicas e *sui*

---

[32] Departamento de Matemática e Informática, da Universidade Livre de Berlim [Tradução nossa].

[33] *1.3 Semantic Equivalence and Normal Forms*
Throughout this chapter w will always denote a propositional valuation. Formulas a, β are called (logically or semantically) equivalent, and we write a ≡ β, when wa = wβ for all valuations w. For example a ≡ ¬ ¬a. Obviously, a ≡ β if for any n such that a, β ∈ $\mathcal{F}n$, both formulas represent the same n-ary Boolean function. It follows that at most $2^{(2^{(n)})}$ formulas in $\mathcal{F}n$ can be pairwise inequivalent, since there are no more than most $2^{(2^{(n)})}$ n-ary Boolean functions.

generis relatadas por pacientes que atingiram o limiar da morte, entretanto conseguiram sobreviver. Um experimento a esse nível, impõe ao processo de matematização uma excepcional dimensão de complexidade e de no mínimo, dessemelhança e discrepância.

Entretanto, o cenário e respectivos critérios foram analisados primeiramente por um psiquiatra norte-americano, como revela a seguinte narração:

> O termo "**Experiências de Quase-Morte**", tradução de "*Near-death Experiences*", cunhado pelo psiquiatra americano dr. Raymond Moody Jr., surgiu com a publicação do seu livro **A vida depois da vida**, em 1975. Moody Jr. (2004) descreve as experiências de 150 pessoas que viveram o fenômeno de quase-morte. Constatou que existem experiências comuns à maioria das pessoas que passaram pela EQM, tais como, **dificuldade para descrever a experiência em palavras**; ouvir o anúncio da sua própria morte; ouvir um zumbido desagradável ou música agradável nos ouvidos; ter um sentimento de paz e ausência de dor; ter uma experiência fora do corpo; sentir-se a viajar dentro de um túnel; ver "espíritos" ou pessoas, principalmente familiares já falecidos; ver uma **revisão da própria vida**; e sentir uma enorme **relutância em voltar à vida**. [Destaque nosso]
> (SERRALTA et al., 2010, p. 36)

Mas, a questão seria a matematização do inusitado fenômeno para que se possa analisar possíveis relações entre as vivências e circunstâncias. Para tanto, se fazia necessário a criação de um Ente Contingente *a priori de re* (ECPR)[34], que atendesse às necessidades na presente situação. Esse impasse foi solucionado com a criação da Escala de Experiência de Quase-Morte, conforme o relato abaixo, *ad litteram*:

> A **Escala de Experiência de Quase-Morte** (*Near-Death Scale*) foi elaborada por *Greyson* (1983a) com base em um conjunto de manifestações características de EQM. Os itens do instrumento contemplam quatro dimensões que compõem as EQMs: **cognitiva** (tempo veloz, pensamentos acelerados, visão retrospectiva, compreensão ampliada, por exemplo), **afetiva** (sentimento de paz, prazer, calma, unidade com o universo e outros), **paranormal** (cenas do futuro, separação mente-corpo) e **transcendental** (ver pessoas mortas, seres de luz). A escala preliminar, com 33 itens, foi aplicada numa amostra de 74 sujeitos que teriam supostamente experienciado fenômenos característicos de uma EQM. Os itens que não apresentaram correlação com

---

[34] Referencial estipulado por comum acordo e circunstancial (Contingente), por pressuposição (*a priori*) e específico para uma determinada coisa ou situação (*de re*), admitido internacionalmente ou por grupo de pesquisadores ou especialistas.

o total da escala foram retirados e sua versão final contém 16 itens pontuados numa escala tipo *Likert* de 0 a 3. Um escore igual ou maior que 7 indica a presença de uma EQM. Os estudos originais realizados com a escala demonstraram que a mesma possui alta consistência interna (coeficiente alfa de 0,88), precisão entre duas metades (coeficiente alfa de 0,84), estabilidade temporal (coeficiente alfa de 0,92) e validade convergente e discriminante satisfatórias. [Destaque nosso] (*Ibda.*, p. 39)

Um grupo de pesquisadores brasileiros tentaram empenhar-se nessa questão conforme as regras e procederes manejados nos *USA*. Mas, o grande problema que sobreveio já de início foi a questão dos formulários e escalas utilizados na pesquisa originária que dependiam da linguagem, *in caso*, da língua inglesa (no projeto inicial) *versus* língua portuguesa (no projeto brasileiro); os efeitos semânticos deveriam possuir as mesmas qualidades e características linguística do projeto inicial. Aqui os brasileiros fazem uso da ferramenta Equivalência Semântica para garantir o rigor científico do experimento a ser realizado no Brasil, conforme abaixo relatado:

A etapa 4 consistiu na apreciação formal de **equivalência semântica** por quatro profissionais: dois **psicólogos** e dois **psiquiatras**. Todos os participantes dessa etapa eram bilíngues; nenhum tinha conhecimento

prévio do instrumento. Para o julgamento da **equivalência semântica**, avaliaram-se os significados geral e referencial dos termos e das expressões de cada um dos 16 itens que compõem a escala (Herdman & cols., 1998; Reichenheim & cols., 2000). Para avaliar o significado referencial, julgou-se a equivalência entre os itens do instrumento original (VO) e da retrotradução (R1) de forma contínua, com notas variando entre 0 e 100% em uma escala analógica visual. Os significados gerais representam as ideias (conceitos) a que uma única palavra ou um conjunto de palavras aludem, levando em conta aspectos mais sutis que a correspondência literal. Assim, na equivalência semântica, leva-se em consideração não apenas o **significado** das palavras entre dois **idiomas diferentes**, mas também o **efeito** que os itens (perguntas) têm em **culturas distintas**. [Destaque nosso] (*Ibda.*, p. 39)

Somente ao uso da Equivalência Semântica, o experimento no Brasil conseguiu o êxito desejado e garantido o rigor científico do projeto inicial, conforme exemplifica a Figura 11, abaixo:

Versão original	Versão 1	Versão 2
5. Did you have a feeling of peace or pleasantness? 0 = No 1 = Relief or calmness 2 = Incredible peace or pleasantness	5. Você teve um sentimento de paz ou de serenidade? 0 = Não 1 = Alívio ou calma 2 = Incrível paz ou serenidade	5. Você teve um sentimento de paz ou de bem-estar? 0 = Não 1 = Alívio ou calma 2 = Incrível paz e bem-estar
8. Did you see, or feel surrounded by, a brilliant light? 0 = No 1 = An unusually bright light 2 = A light clearly of mystical or other-worldly origin	8. Você viu ou se sentiu rodeado(a) por uma luz brilhante? 0 = Não 1 = Uma luz com um brilho fora do normal 2 = Uma luz de origem claramente mística ou de outro mundo	8. Você viu ou se sentiu rodeado(a) por uma luz brilhante? 0 = Não 1 = Uma luz com um brilho incomum. 2 = Uma luz de origem claramente mística ou de outro mundo
9. Were your senses more vivid than usual? 0 = No 1 = More vivid than usual 2 = Incredibly more vivid	9. Os seus sentidos estavam mais aguçados que o normal? 0 = Não 1 = Mais aguçados que o normal 2 = Incrivelmente mais aguçados	9. Os seus sentidos estavam mais aguçados que o habitual? 0 = Não 1 = Mais aguçados que o habitual 2 = Incrivelmente mais aguçados

Figura 11: Tradução do questionário. Fonte: Ibda. p. 41.

✓ Registros de Representação Semiótica

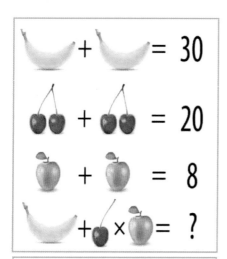

Figura 12: Exemplo de Registros de Representação Semiótica. Fonte: internet. [Modificação nossa]

Com o advento das mídias sociais, constatou-se o interesse de grande parte de pessoas que normalmente não se encontram dentre as que se identificam como *amantes da matemática*, despertarem enorme interesse e até satisfação em solucionar o tipo de problema caracterizado na Figura 12, que naturalmente se mostrou como algo bastante inusitado, entre profissionais do ensino da matemática: odeia-se as equações lineares na forma algébrica, mas mostra-se grande afinidade às mesmas, desde que de forma pictórica e lúdica, como Registro de Representação Semiótica.

Evidentemente, que o processo de representação é extremamente importante para um proficiente manejo das Matemáticas. Por isso nem sempre é recomendado aplicar apenas uma só tática de reprodução semiótica, como orienta FLORES & MORETTI (2008, p. 30):

Na aprendizagem matemática, em particular, considerar **mais de um registro de representação semiótica** para o mesmo objeto é importante, porém é precise ainda que o aluno seja capaz de converter, de transitar entre uma e outra representação, o que implica numa congruência semântica para que o processo seja efetivado com êxito. [Destaque nosso]

Ainda que o tipo de representação apresentado na Figura 12, aparentemente, não se mostre muito interessante, mas analisada sob o aspecto da chamada Teoria do Registros de Representação Semiótica, mostra a intelecção de um cariz terminantemente intrigante. Talvez não se apresente tanto como divertido, quiçá como cativante, fascinante, irresistível ou tentador; quem sabe todos esses fatores contemplam a expectativa de entender qual fenomenologia alimenta o interesse despertado pela maioria das pessoas.

Contudo, qualquer que seja a motivação do deleite observado e estudando a questão com maior intensidade, naturalmente se esbarra na seguinte constatação:

Historicamente, os problemas que envolvem a passagem de um enunciado **descrito em língua natural** para uma **expressão algébrica** constituem, para muitos alunos, um **abismo quase que intransponível**. O tema tem despertado grande interesse de pesquisadores da Educação Matemática que procuram compreender tais dificuldades, bem como sugerir alternativas a fim de minimizar o hiato notado. [Destaque nosso] (LOURENÇO; OLIVEIRA, 2018, p. 84)

Isso obviamente aguça a curiosidade sobre um possível estudo desse fenômeno na esfera científica. E com o aprofundamento da pesquisa chegamos a esse achado:

Gil (2008) desenvolveu uma pesquisa com o objetivo de compreender as **dificuldades** que os alunos possuem na **aprendizagem da Álgebra**, tendo em vista as inquietações que tais dificuldades lhe causavam desde seus primeiros anos de docência. Após realizar revisão da literatura, aplicar testes, entrevistar alunos e professores da 7ª série (atual 8º ano) do Ensino Fundamental, destacou que na resolução de um problema envolvendo equações de 1º grau, **o aluno necessitou fazer a "tradução" da linguagem corrente para a linguagem algébrica** e, segundo a autora, as dificuldades nessa tradução residiram na interpretação da questão. [Destaque nosso] (*Ibda.*)

Com a leitura dessa maravilhosa produção elaborada pelos matemáticos *Édrei Henrique Lourenço* e *Paulo César Oliveira* de São Carlos-SP, podemos recompor o trabalho realizado pelos eminentes colegas. Enquanto isso, vale ressaltar que esses autores têm a preocupação de nos lembrar algumas diferenciações sobre o uso de signos, posto bastante relevantes para o experimento aqui analisado, senão vejamos:

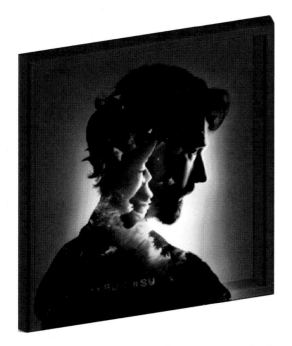

Segundo Duval (2009, p.32), a especificidade das representações semióticas "consiste em serem relativas a um **sistema particular de signos**, a linguagem, a escritura algébrica ou os gráficos cartesianos, e em poderem ser convertidas em **representações 'equivalentes'** em um outro sistema semiótico".

No contexto geral da semiótica **o signo é relacionado a um objeto concreto**, como o desenho de uma cadeira para representar o objeto que utilizamos para sentar, porém **na especificidade da matemática** o símbolo (signo) representa um **objeto abstrato** por meio da ação do sujeito do conhecimento (significante ou conceito). De fato, **o objeto matemático não é perceptível**, ou seja, é abstrato; assim, seu acesso se dá via representações semióticas. [Destaque nosso] (*Ibda.*)

Então a questão que trará o desconforto para o aluno é a transformação do objeto real num objeto abstrato e assim perder o liame com a realidade. Essa dualidade (objeto *versus* representação) resplandece em confundir, como os autores logo relatam:

A matemática utiliza uma grande variedade de representações semióticas e, dada essa multiplicidade de registros de representação, Duval (2009) enfatiza a necessidade de não **confundir** o objeto matemático com sua representação trazendo à baila a questão da **dualidade** entre o objeto e sua representação. A esse respeito ele expõe que *"não se pode ter compreensão em matemática, se nós não distinguimos um objeto de sua representação"* (DUVAL, 2009, p.14). Isso se justifica no fato de que **diferentes representações** podem estar associadas ao **mesmo objeto matemático**. [Destaque nosso] (*Ibda.*)

Dada essa asseveração, os referidos autores nos levam ao experimento, quando induzem: *"dado um problema envolvendo equação do primeiro grau em língua natural podemos convertê-lo para uma equação que seja referencialmente equivalente a ele e vice-versa".*

Na Figura 13 observa-se o processo de conversão do problema apresentado, considerado o objeto matemático e a representação. A grande dificuldade do aluno retrata à informação de *Lourenço et Oliveira* (2018) é o custo cognitivo da transformação, nomeada por *Durval* como Congruência Semântica.

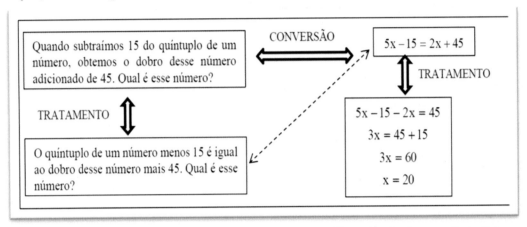

Figura 13: Ilustração das transformações de registros em um problema de primeiro grau. Fonte: Ibda, p.

✓ **Congruência Semântica**

Para *Durval*, no relato de *Flores et Moretti*, a Congruência Semântica revelou-se da seguinte forma:

A noção de **congruência semântica** surgiu após experiências realizadas com alunos, quando Duval (1988b) observou que estes encontram **dificuldades quando se trata de mudar de registro**, quer dizer, passar de um registro de representação a outro. Isso foi analisado num estudo, sobre o ensino e a aprendizagem de funções, onde observou que a passagem do registro de representação **gráfica** para o registro de representação **simbólica** é tarefa

difícil para grande maioria dos alunos. O que acontece, na verdade, é que a compreensão do aluno fica **limitada à forma de representação que eles conhecem** e que sabem operar. [Destaque nosso] (FLORES; MORETTI, 2008)

Posto isso se torna evidente que a multiplicidade de representação é de extrema importância para gerar proficiência matemática nos alunos, obviamente mantida a congruência semântica em todas as transformações.

Na perspectiva de uma melhor contemplação do *custo cognitivo* causado pela transformação representação-signo (objeto matemático), que deve ser congruente, qual seja, a *representação final transparecer na representação de partida*, vamos seguir na trilha de *Lourenço et Oliveira* (2018), transladando os passos desse processo de alto custo cognitivo.

Então se toma que Duval *"elenca três critérios para determinar a congruência semântica envolvida em uma transformação do tipo conversão"* (LOURENÇO; OLIVEIRA, 2018, p. 87) *in verbis*:

a) correspondência "semântica" dos elementos significantes;
b) univocidade "semântica" terminal;
c) ordem dentro da organização das unidades compondo cada uma das duas representações.

Ao ilustrar esses critérios eleitos por Durval, os autores supracitados recorrem a 4 exemplos, conforme reproduzimos a seguir.

Aos dois exemplos se pode analisar os 3 critérios configurados por *Durval*, como a presença de 2 signos no exemplo 1 para a palavra "dobro" na língua natural, portanto representando a 'partida', enquanto que a representação algébrica, dados da 'chegada', está composto pelo número "2" e a pela operação de "multiplicação". Isso pode ser caracterizado como ferimento ao critério "a" de *Durval*; entretanto, pode-se argumentar que o vocábulo 'dobro' na língua portuguesa, por si só, encerre a multiplicação, i.e., *multiplicado por dois*. Com essa interpretação, o dito critério estaria resguardado, tanto que no exemplo 2, observa-se a relação 2 para 2 signos ("duas vezes" como correspondência para "dobro").

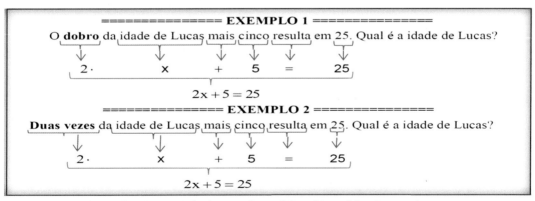

Figura 14: Modelagem de Adição e Multiplicação. (Fonte: *Ibda*. p. 88, modificação nossa.)

Decididamente, o grande ganho do sistema desenvolvido por *Durval*, seja a desenvoltura da análise e verificação da presença dos 3 critérios estabelecidos, posto que produz no aluno uma atividade analítica e de precisão na comparação entre os dois sistemas (objeto abstrato – representação), o que naturalmente pode oferecer maior grau de tranquilidade ao aluno nos seus devaneios de modelagem matemática, garantida a equivalência referencial.

Esses dois exemplos são apresentados pelos autores a título de evidente exemplo para o critério da conservação da univocidade semântica na 'chegada'.

Entretanto, a Congruência Semântica é bem mais complexa e abrangente do que os exemplos aqui apresentados. Nesse mister, vale lembrar a visão de *Flores & Moretti*, que assim se expressa:

> Por outro lado, a **atividade matemática** é pautada pela **diversidade de representações semióticas**, podendo um mesmo objeto matemático contar com diferentes registros, o que implica na possibilidade de se aplicar tratamentos diversos. Analisar, então, aquilo que é mais ou menos congruente entre estes registros e tratamentos, significa possibilitar uma **maior visão da atividade matemática**, permitindo a escolha de registros e de tratamentos que são mais convenientes frente à resolução de problemas. [Destaque nosso] (FLORES; MORETTI, 2008, p. 38-39)

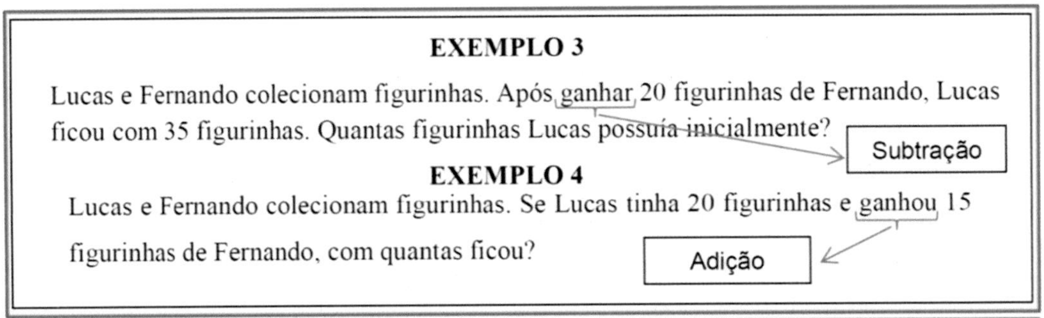

EXEMPLO 3

Lucas e Fernando colecionam figurinhas. Após ganhar 20 figurinhas de Fernando, Lucas ficou com 35 figurinhas. Quantas figurinhas Lucas possuía inicialmente?

Subtração

EXEMPLO 4

Lucas e Fernando colecionam figurinhas. Se Lucas tinha 20 figurinhas e ganhou 15 figurinhas de Fernando, com quantas ficou?

Adição

Figura 15: Modelagem de Adição e Subtração. (Fonte: Ibda. p. 88, modificação nossa.)

Essa *diversidade de representações semióticas* também oportuna ao matemático o uso de uma enorme variedade de ferramentas matemáticas para análise do mesmo objeto ou situação, garantindo um trabalho de grande precisão, proficiência e excelência.

3   Enigmas & Intrincos

O estudo profundo da natureza é a fonte mais fértil de descobertas matemáticas.[35](FOURIER, 1822, p. XIII)

Jean Baptiste Joseph Fourier

As Matemáticas estão repletas de maravilhosas riquezas em ferramentas e conhecimentos. Em especial, na chamada Matemática Superior
ocorre o defronto com um manancial imensurável de preciosas ferramentas e avanços, que viabilizam a matematização muito além do mundo da física,
como, *e.g.*, a modelagem matemática no ambiente das subjetividades, em todas as
áreas jurídicas, em síntese, na plenitude da realidade vivenciada pela humanidade,
fauna (particularmente as abelhas) e flora (uso irrestrito da Sequência de *Fibonacci*
e de fractais). Não obstante, a avantajada maioria dos profissionais estão envoltos
tão somente com a parte estritamente física das aplicações matemáticas. O imenso
acervo de novas soluções e recursos já documentados em inúmeras publicações,
resta como *enigmas* que não alcançam a população de matemáticos espalhada por
todo o mundo.

Em sentido contrário, prospera uma abundância bem extensa de entraves,
estorvos, óbices, deslizes, vícios e avarias que impedem a popularização, com maior
propriedade ainda a aplicação das Matemáticas em adversidades de gigantesca importância para toda a sociedade e para seus interesses irrenunciáveis (*e.g.* paz social, liberdade, felicidade e segurança). Há áreas do conhecimento que estão inter-
ditas do uso e análise pelas Matemática, como as do Direito, as da Educação (particularmente Pedagogia e Didática), as da Filosofia e as da Psicologia. Questões
importantes para a sociedade como por exemplo a paz, felicidade[36], amor e
muitas outras subjetividades de cuja matematização é uma exigência vital
para a sociedade como um todo, posto que somente via as Matemáticas,
se oportunizará soluções mais eficiente e de excelência para quaisquer
problemáticas dessas áreas.

Não passa desapercebido o fato de que quanto maior o envolvimento das Matemáticas com uma determinada área de conhecimento, maior é a eficiência e a excelência das soluções dos
problemas afigurados nessa área, como se toma dos
exemplos seguintes: Fí-
sica, Engenharias, Quí-
mica, Biologia, Medicina,
Informática *etc.* Mesmo nessas áreas ainda resta muito o

---

[35] *L'étude approfondie de la nature est la source la plus féconde des découvertes mathématiques.* Fonte: *Théorie analytique de la chaleur.* (1822), Préliminaire, p. XIII.
[36] Sobre felicidade já se tem notícias da mensuração do país 'mais feliz' do mundo, mas isso ainda está matematicamente em fase muito incipiente.

que contribuir por parte das Matemáticas, não fora os estorvos que tratamos neste capítulo.

No presente capítulo vamos tratar de alguns poucos fenômenos que se observam atualmente nas Matemáticas, tanto pelo nível de despropósito como de, no mínimo, néscio ao lido de suas ferramentas, como em suas aplicações e adjetivações. Algum tópico pode parecer estranho, mas a título de prolegômenos avantaja importância a sua abordagem, mesmo enquanto benesse, como no subtópico a seguir tratado.

- **Síndromes do Matemático**

Se no período do Império Babilônico, no Egito Antigo, até mesmo no período da Grécia Antiga, a Matemática apresentava severas dificuldades para se constituir. Uma impressão bastante realista dessa incipiente época das Matemáticas toma-se do seguinte relato de historiadores:

A partir da observação da natureza, os antigos babilônios e egípcios construíram um corpo de conhecimento matemático que usaram para fazer observações posteriores. Tales talvez tenha introduzido métodos dedutivos; certamente a matemática dos primeiros pitagóricos era de caráter dedutivo. Os pitagóricos e Platão notaram que as conclusões a que chegaram dedutivamente concordavam em uma extensão notável com os resultados da observação e inferência indutiva. Incapazes de explicar de outra forma essa concordância, eles foram levados a considerar a matemática como o estudo da **realidade última** e **eterna**, **imanente** na natureza e no universo, e não como um ramo da lógica ou uma ferramenta da ciência e da tecnologia. Uma **compreensão** dos princípios matemáticos, segundo eles, deve preceder qualquer interpretação válida da experiência. Essa visão se reflete no ditado pitagórico de que tudo é número e na afirmação atribuída a Platão de que Deus sempre joga o geômetra.[37] [Tradução e destaque nosso] (BOYER, 1959, p. 1)

---

[37] *From the observation of nature, the ancient Babylonians and Egyptians built up a body of mathematical knowledge wich they used in making further observations. Thales perhaps introduced deductive methods; certainly the mathematics oft he early Pythagoreans was deductive in character. The Pythagoreans and Plato noted that the conclusions they reached deductively agreed to a remarkable extent with the results of observation and inductive inference. Unable to account otherwise for this agreement, they were led to regard mathematics as the study of ultimate, eternal reality, immanent in nature and the universe, rather than as a branch of logic or a tool of science and thechnology. An understanding of mathematical principles, they decided, must precede any valid*

Interessante momento se toma da citação acima que, já a esses tempos, alteia a perspectiva da realidade última, do eterno (transcendente) e do imanente que já se apresentavam como objetos da matemática. Realce-se que já na antiguidade, a visão da compreensão se torna exigível para uma apreciação matemática, quando na atualidade a memorização e a 'abstração' (linguística) são privilegiadas.

Somente com o advento da Modernidade, as Matemáticas alcançam a alça científica. E isso numa evolução de gigantesca relevância científica, o Sistema de Coordenadas Cartesiano, encerrando coordenadas ortogonais, intitulado pelo nome latinizado *Cartesius* do matemático francês *René Descartes*, que se popularizou como "coordenadas cartesianas". Com esse artefato os objetos matemáticos podem sofrer análise corpuscular e topológica em planos díspares.

Até então, como ensina *Stillwell*, o Teorema de Pitágoras constitui a pedra fundante da análise científica na Matemática, como toma-se da lição abaixo:

O teorema de Pitágoras é o ponto de partida mais apropriado para um **livro sobre matemática e sua história**. Não é apenas o mais antigo teorema matemático, mas também a fonte de três grandes correntes de pensamento matemático: **números, geometria e infinito**.[38] [Tradução e destaque nosso] (STILLWELL, 2010, p. 1)

A Análise entorna em novos caminhos, descerrando novos ambientes e evoluções, como em seguida pontifica *Stillwell* (2010, p. 109), conforme abaixo:

O primeiro campo da matemática a se beneficiar da nova linguagem das equações foi a geometria. Por volta de 1630, tanto **Fermat** quanto **Descartes** perceberam que problemas geométricos poderiam ser traduzidos em álgebra por meio de coordenadas, e que muitos problemas poderiam ser resolvidos rotineiramente por **manipulação algébrica**.[39] [Tradução e destaque nosso]

---

interpretation of experience. This view is reflected in the Pythagorean dictun that all is number, and in the assertion attributed to Plato that God always plays the geometer.

[38] The Pythagorean theorem is the most appropriate starting point for a book on mathematics and its history. It is not only the oldest mathematical theorem, but also the source of three great streams of mathematical thought: numbers, geometry, and infinity.

[39] The first field of mathematics to benefit from the new language of equations was geometry. Around 1630, both Fermat and Descartes realized that geometric problems could be translated into algebra by means of coordinates, and that many problems could then be routinely solved by algebraic manipulation.

Mas, com a instituição do Sistema Cartesiano, as linguagens das Matemáticas experimentam descomunal airosidade, como especificado por *Stillwell*, neste caso especial:

A linguagem das equações também fornece uma classificação simples, mas natural, de curvas por grau. As curvas de grau 1 são as linhas retas; as curvas de grau 2 são as seções cônicas; então as primeiras "novas" curvas são as de grau 3, as curvas cúbicas.[40] [Tradução e destaque nosso] (*Ibda.*)

Desse ponto, o traquejo, os saberes e as competências nas Matemáticas, em passos largos, apropinquam à condição de linguagem, em caminho contínuo com a Filosofia. A hodiernidade, a despeito das preocupações metamatemáticas, já lança ares de identidade das Matemáticas com suas linguagens. Ao longo dos tempos, esse fenômeno vai corroborar para uma pequenez na distinção entre as Matemáticas e as respectivas linguagens.

Não obstante, empós 1700, os matemáticos avultam na vereda científica com alta intrepidez e ousadia. A esse tempo já se definia o profissional da área, como pressentido por *Dieudonné* (1985, p. 2), *ad litteram*:

A **criatividade** matemática é um **dom** de certos seres humanos que pode razoavelmente ser suposto e independente da raça, mas apenas até certo ponto, da natureza da sociedade circundante. Na verdade, mesmo entre os maiores gênios, não existe um só exemplo de um matemático que, do nada, *ab ovo*, por assim dizer, redescobriu o conhecimento matemático de seu tempo; o que se diz sobre Pascal a esse respeito é apenas uma lenda.[41] [Tradução e destaque nosso]

Daí nasce um grande dilema que vai excluir inúmeras pessoas da Matemática, pelo menos, enquanto profissão, pelo critério de características intelectuais especiais. Essas particularidades ocorrem em todas as outras profissões, sem distinção. Naturalmente, a faceta vocação está obviamente tão presente na profissão *matemático* como em qualquer outra. Nesse sentido, é bem mais apropriado falar de vocação que de *dom* ou '*inteligência especial*'.

---

[40] *The language of equations also provides a simple but natural classification of curves by degree. The curves of degree 1 are the straight lines; the curves of degree 2 are the conic sections; so the first "new" curves are those of degree 3, the cubic curves.*

[41] *Die Fähigkeit zum mathematisch Schöpferischen ist eine Begabung gewisser menschlicher Wesen, von der man mit gutem Grund annehmen kann, sie sei unabhängig von der Rasse und, aber nur bis zu einem gewissen Punkt, von der Natur der umgebenden Gesellschaft Es gibt tatsächlich selbst unter den größten Genies kein Beispiel für einen Mathematiker, der aus dem Nichts, sozusagen ab ovo, das mathematische Wissen seiner Zeit neu entdeckt hätte; was in dieser Hinsicht über Pascal erzählt wird, ist nur eine Legende.*

Por demais, há de se privilegiar o critério do dom da criatividade enfatizada por *Dieudonné*, que parece encontrar reverberação no círculo dos mais jovens, como se toma da entrevista do jovem matemático português **André Guimarães** (laureado com a bolsa Gulbenkian Novos Talentos em 2021), em entrevista recente à revista da *Fundação Gubenkian* (Lisboa, Portugal), ao versar sobre as razões da matemática enveredar-se tão incompreendida, conforme toma-se abaixo:

> Acho que tem muito a ver com as ideias pré-concebidas que passam por aí. O único contato que a maioria das pessoas tem com a disciplina é de que é uma coisa de **fazer contas, muito algorítmica.** Mas matemática é muito mais do que isso.
>
> Diria que uma das coisas que mais me fascina é a **criatividade** que alguém precisa de ter para estudar matemática, que é algo de que a maioria das pessoas não se apercebe porque nunca chega a ter contato com investigação. É isso que me fascina: as ideias, muitas vezes extremamente simples, que surgem para resolver problemas que parecem complicadíssimos à partida. A beleza da matemática é isto.
>
> [...]
>
> Mas é, sem dúvida. Se alguém me perguntasse, eu diria que a **primeira competência** necessária para se **estudar matemática é a criatividade.** [Destaque nosso] (FUNDAÇÃO CALOUSTE GULBENKIAN, 2022)

Essa última contingência toma relevância gigantesca na Educação Matemática, quando aliada a outro fenômeno apontado abaixo:

> Até o final do século XVIII **não havia ensino superior** - propriamente dito - em matemática, e de *Descartes* e *Fermat* a *Gauß* e *Dirichlet*, os grandes matemáticos quase todos **se educaram sem professores,** simplesmente estudando as obras de seus predecessores. **Muitos talentos matemáticos provavelmente nunca são desenvolvidos hoje** por causa da falta de uma atmosfera social favorável, então não é de surpreender que os matemáticos não sejam conhecidos de países menos desenvolvidos. **Mesmo nos países mais desenvolvidos,** no entanto, a natureza da educação elementar não precisa ser propícia ao florescimento do **talento matemático**

quando está sujeita a restrições religiosas ou políticas, ou é moldada apenas por um viés utilitário (prático), como até o início do século XX foi o caso nos Estados Unidos.[42] [Tradução e destaque nosso] (DIEUDONNÉ, 1985, p. 3.)

Indiscutivelmente, essa circunstância escurecedora do talento matemático já é um panorama incrível e enxergado em todo o planeta. As pessoas afastam-se da Matemática já na adolescência, criando uma aversão árdega, que vai impactar no desenvolvimento científico e tecnológico em todas as nações. Toda essa evolução é absolutamente incompreensível justo pelo fato da Matemática ser absolutamente instigante, fascinante, notadamente criativa e, em especial, muito prazerosa. Decididamente há algo bizarro e inaceitável na Educação Matemática e na Formação de Professores de Matemática.

Em contrário a essa nefasta evolução, conforme o relato de *Dieudonné* (1985, p. 3), até o final do Século XVIII, a situação da Matemática senhoreava outra inferência, *in verbis*:

> Em sistemas sociais em que a instrução é dada a setores relativamente grandes da população (possivelmente por meio de bolsas de estudo), os matemáticos advêm de uma **ampla variedade de grupos sociais**. Podem vir da **nobreza** como *Fagnano*, *Riccati* ou *d'Alembert*, da grande **burguesia** como *Pascal*, *Kronecker*, *Jordan*, *Poincaré* ou *von Neumann*, mas também de origens muito **humildes** como *Gauß* ou *E. Cartan*; a maioria nasceu em famílias de **classe média** muitas vezes muito pobres.[43] [Tradução e destaque nosso] (*Ibda.*)

---

[42] *Bis zum Ende des achtzehnten Jahrhunderts gibt es keine höhere Ausbildung - im eigentlichen Sinne - in Mathematik, und von Descartes und Fermat bis zu Gauß und Dirichlet haben sich die großen Mathematiker fast alle ohne Lehrer selbst gebildet, einfach durch das Studium der Werke ihrer Vorgänger. Wahrscheinlich kommen auch heute zahlreiche mathematische Talente niemals zur Entfaltung, weil die günstige gesellschaftliche Atmosphäre fehlt, so daß es nicht erstaunlich ist, daß man keine Mathematiker aus den wenig entwickelten Ländern kennt. Selbst in den höchst entwickelten Ländern braucht jedoch die Art des Elementarunterrichts dem Aufblühen mathematischer Begabungen nicht förderlich zu sein, wenn dieser religiösen oder politischen Einschränkungen unterworfen ist oder ausschließlich durch utilitaristische (praktizistische) Voreingenommenheit geprägt wird, wie das bis zu Anfang des zwanzigsten Jahrhunderts in den Vereinigten Staaten der Fall war.*

[43] *In Gesellschaftssystemen, in denen der Unterricht relativ breiten Bevölkerungsschichten zuteilwird (gegebenenfalls mittels Studienbeihilfen), entstammen die Mathematiker unterschiedlichsten sozialen Gruppen. Sie können aus dem Adel kommen wie Fagnano, Riccati oder d'Alembert, aus der Großbourgeoisie hervorgehen wie*

Apesar dessa distribuição por todas as classes sociais, desde tempos imemoriais, ser matemático é ter *inteligência privilegiada*, *memorizar* conteúdo e ter habilidade em *fazer contas*. Essa é a acepção da Síndrome do Matemático, em síntese.

Porém, dessa concatenação de crescimento nas mais diversas castas sociais e da evolução a partir da sedimentação da Matemática no ambiente universitário como disciplina ou área de formação profissional, resultou a eclosão de uma série de fenômenos outros, aqui também vamos intitular de 'síndromes' conforme descrito abaixo.

- **Síndrome do 10**

Usualmente os professores estão convencidos do descabimento de aplicar a nota 10 a alunos, em especial quando se tratar de uma avaliação estritamente subjetiva. E nisso estão complemente incorretos, principalmente porque desconhecem que toda avaliação possui alta carga de subjetividade; mesmo nas chamadas *'provas objetivas'*, tanto do tipo *multiple choice* quanto do tipo *discursiva*.

No caso das do formato *multiple choice*, normalmente se esquece que os critérios escolhidos e as interpretações aplicas são definidas a partir de argumentos fortemente subjetivos. Embora o cálculo do resultado seja objetivo (contagem das escolhas corretas), em nenhum momento essa objetividade do manejo da cardinalidade dos resultados reflete objetividade sobre a coisa. Da mesma forma um transporte de uma paciente acometido por *Covid-19* da residência ao hospital para tratamento, realizado pelo SAMU (Serviço de Atendimento Móvel de Urgência) e de forma objetivamente correta, isso não vai influir no tratamento clínico do paciente. Assim, o tratamento do paciente não se deixa objetivar com um transporte objetivamente correto; continuará exclusivamente no domínio subjetivo do médico terapeuta e de sua interpretação (subjetiva) de exames e evidências.

Com tal característica, há de avaliar-se a chamada prova escrita discursiva. Qualquer que seja a tecnologia ou engenharia para estabelecer critérios, artifícios, mecânica ou inteligência, nunca esse formato deixará de ser subjetivo, posto que seu fundamento ontológico é essencialmente a subjetividade. *E.g.* posso mudar o estado da água para sólido, para gasoso ou para líquido, posso sujeitar a mesma água à solução com sais, com corantes ou com qualquer outro soluto, água permanecerá água enquanto sua fórmula química não for modificada: H_2O.

✓ 10 em matemática *não tem preço*

Para o aluno *'tirar nota 10 em matemática'* é um sonho impossível de ser realizado. O reduzidíssimo número dos que alcançam, logo se tornam famosos. Essa fama é tão encantadora quanto desvirtuadora, na iminência de se admitir que *Einstein* tenha assim se expressado:

Pascal, Kronecker, Jordan, Poincaré oder v. Neumann, aber auch aus sehr bescheidenem Milieu wie Gauß oder E. Cartan; die meisten sind in oft sehr ärmlichen Familien des Mittelstandes geboren.

O único modo de escapar da corrupção causada pelo sucesso é continuar trabalhando.[44]

Contudo, acreditamos que ocorreu algum engano na interpretação da aplicação da nota 10 na Educação Básica, na qualidade de ato de Estado[45]. Não encontramos nenhum ditame legal que regulamente ou force algum tipo de concorrência entre alunos, nas qualidades de 'o melhor' e de 'o pior' nesse ambiente. Em contrário, o fundamento ontológico da Educação Básica, sempre que ato de Estado, está intimamente ligado ao mesmo que rege a da instrução para a autorização do manejo de automotor, *e.g.*, a formação para a obtenção da *Carteira Nacional de Habilitação*, que habilita o cidadão à condução de automotores: a habilitação só conhece duas qualidades: habilitado e **não** habilitado.

De forma idêntica o comando legal para o agente público, ora professor da Educação Básica, é exercer o ato de Educar como ato de Estado, com exclusivo intuito de satisfazer à *obrigação de fazer* do Estado em oferecer *educação para todos*. Nunca será um ato particular do professor, onde tem liberdade de ensinar o que desejar e da forma como desejar; a liberdade constitucional de ensinar encalha nas balizas da própria Carta Magna, em especial nos direitos dos alunos.

Por tudo isso, todos os alunos deveriam receber a nota 10 como sinal de que estão com completude habilitados a exercerem a cidadania e uma atividade profissional, como obriga o artigo 205 da Constituição Federal do Brasil[46]. Se o dito dispositivo constitucional fala que a educação visa o *pleno desenvolvimento da pessoa*, certamente não aceitará um cidadão nota 9, 8, 7, 6 e 5[47] para o exercício da cidadania ou da atividade laboral. Plenitude tem a ver com indenidade, totalidade, integridade, completude, integralidade, inteireza, perfeição, nirvana; qual seja ou está habilitado ou não está.

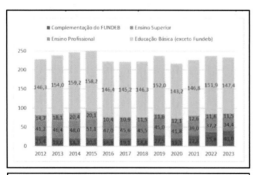

Figura 16: Dotação do MEC por subfunções em R$ bilhões. Fonte: Congresso Nacional.

Os investimentos do Governo Federal para a Educação no Brasil talvez não assumam relevância em face do total (aproximadamente 2,59% de R$ 5,031 trilhões), mesmo assim, somente da esfera federal esses investimentos beiram além dos R$ 200 bilhões (incluindo o FUNDEB, os Estados e Municípios). Mesmo com esse relativamente moderado volume monetário, redunda numa áspera impudicícia a Nação receber em contrapartida a formação de alunos nota 9, 8, 7, 6 ou 5; insuportável a formação de alunos nota 4, 3, 2, 1 ou até zero.

Urge que a concorrência em sala de aula receba reforma para cooperação entre alunos e professores para o bem da Educação nacional e para a promoção da nossa

---

[44] Fonte desconhecida.

[45] Ato realizado em nome do Estado e em cumprimento de dever do Estado previsto em lei, por funcionário público ou por cidadão em função delegada.

[46] Art. 205. A educação, direito de todos e dever do Estado e da família, será promovida e incentivada com a colaboração da sociedade, visando ao **pleno desenvolvimento da pessoa**, seu preparo **para o exercício da cidadania** e sua qualificação **para o trabalho**. (Destaque nosso) (BRASIL, 1988)

[47] Com menor propriedade ainda, aceitará cidadão com educação nota 4, 3, 2, 1 ou zero.

brilhante juventude e dos nossos abnegados docentes. Essa não é uma questão didático-pedagógica, mas legal, simplesmente de cumprir a Lei. E nem precisamos inovar, basta seguir as nações que estão *à frente* na Educação no resto do mundo, que promovem a proficiência, a compreensão e a habilidade nas Matemáticas para a vida, como reclama com muita propriedade a UNESCO; por demais só estaríamos cumprindo as normas legais brasileiras no que toque à Educação.

✓ Professor nota 10

A qualidade da docência essencialmente se mede no sucesso do docente com seus alunos. Ensinar é uma arte milenar, nos nossos tempos, iniciada pelos gregos. Mas para ensinar bem e ter sucesso, necessitamos preparar os nossos professores para obterem o sucesso esperado pela Nação.

Atualmente não preparamos os nossos professores para a Educação que promova a proficiência, a compreensão e a habilidade nas Matemáticas e para a vida. O preparo dos nossos professores visa a formação de técnico especializado em apresentar conteúdo exclusivamente teórico e para memorização; ademais treinamos nossos licenciados para exclusivamente aplicar a *prova escrita* como único e isolado método de avaliação dos alunos, numa situação constrangedora de concorrência entre alunos, com classificação na escala de zero a 10.

Não se faz necessário o professor compreender e nem conhecer a aplicação das ferramentas que lhe foram apresentadas. Só é necessário decorar, expor e demonstrar. Caso seja indagado pelo aluno para que serve a ferramenta exposta, só resta responder: *Não sei, não preciso saber!*

Essa calamidade se repete em todo país e custa aos cofres públicos, conforme Figura 16: Dotação do MEC por subfunções em R$ bilhões. Fonte: Congresso Nacional. (veja acima) o valor de *circa* 34 bilhões de reais anualmente. Não sei quando, mas já ouvi alguém dizer algo bem apropriado para esse tipo de tragédia: *Durma com esse barulho!*

Na dimensão e extensão como entendemos a Educação Básica à luz da legislação brasileira na espécie (*e.g.,* em acareação com a formação para a obtenção da Carteira Nacional de Habilitação), só vemos a possibilidade da licenciatura de professores de matemática, quando o profissional receber a formação que oportunize a promoção do **pleno** desenvolvimento da pessoa para a proficiência, a compreensão e a habilidade nas Matemáticas para a vida, o exercício da cidadania e da atividade profissional.

Facit

*Nesse mister, todo professor de matemática obrigatoriamente será **Professor Nota 10**. Isso significa que todos os seus alunos recebem nota 10. Caso ocorra que um ou mais aluno receba nota 9 ou 8 ou até nota 7, o professor deverá rever sua didática e seus métodos de ensino, quando não procurar um maior nível de diálogo e de interação com esses alunos. Abaixo disso, o professor deverá receber auxílio dos órgãos competentes, para que alcance o sucesso necessário.*

A supervisão dos professores será mais eficiente na análise da média dos alunos que esteja abaixo da nota 10. Para tanto, o Estado deverá empenhar-se em desenvolver programas de apoio, de formação continuada e de especialização, direcionados sobretudo à Didática e à Educação das Matemáticas.

✓ Laboratório de Matemática

A revitalização do importante instrumento de ensino Laboratório de Matemática deverá surgir como um encargo exclusivo para atividades práticas de aplicação das ferramentas matemáticas, imbuindo alunos e professores com as contribuições

dos alunos para a solução de problemas da comunidade.

Não há espaço, no Laboratório de Matemática para atividades teóricas, ilustrativas ou brincadeiras 'divertidas'. **O aluno tem que entender que o Laboratório é local de trabalho em prol da comunidade e da sociedade como um todo.** Lá no laboratório o aluno tem que ter a consciência que ele vai tentar ser criativo o suficiente para engendrar, ao uso de ferramentas matemáticas, a solução de um problema real e de extrema necessidade para a comunidade. Exemplos: ao uso de ferramentas matemáticas, como encurtar a fila para cirurgias eletivas, como combater a corrupção na administração pública, como fazer uma pesquisa de opinião sobre assuntos de interesse público, como melhorar ou avaliar a qualidade dos serviços de saúde, educação, transporte, etc. Isso já ocorre de forma inusitada, mas tem que se tornar rotina em cada escola no Brasil.

Mas, nem sempre precisa ser objeto de trabalho matemático no Laboratório, um assunto de interesse da comunidade. Assuntos inusitados dão vida ao trabalho de pesquisa, como por exemplo do tipo 'encontrar agulha no palheiro' com a ferramenta probabilidade: encontrar o autor de um crime de difícil determinação ou a localização de alguém raptado ou até mesmo de um celular perdido. Enfim, tudo o que desperte o interesse, a imaginação e espírito criativo do aluno é válido como objeto do Laboratório de Matemática; quiçá seja o Laboratório o local onde a Educação Matemática será realizada com eficiência, completude e proficiência.

- **Síndrome das Aplicações**

A grande maioria dos matemáticos pouco se preocupa com as aplicações das diversas ferramentas das matemáticas, em contrário resiste com frequência encarar as aplicações como parte substancial do exercício da profissão *matemático*. Esse tema já foi abordado, parcialmente, no subtópico *Registros de Representação Semiótica*, entretanto dada a abrangência desse fenômeno, faz-se necessária uma abordagem destacada.

Na realidade, como antes discutido, tanto o matemático, como a população em geral apresentam imensa dificuldade em representar problemas do cotidiano em expressões matemáticas e vice-versa. Isso induz a um trauma de alto significado por não encontrar a aplicação para um *universo de conhecimento que extrapola toda possibilidade de capitulação* por uma formação profissional única. O espectro da profissão 'Matemático', pela sua diversidade e alta complexidade, exige diversas áreas de especialização e subespecialização.

A visão que se tem da Matemática está bem descrita na seguinte conjectura:

Figura 17: O conhecimento resta malogrado, se não o sabemos aplicar. Fonte: internet. [Modificação nossa]

A Matemática é um importante instrumento de interpretação do mundo e tem um notável potencial para descobertas de estruturas e padrões que nos permitam compreender o mundo que [se encontra] ao nosso redor. Quando esses padrões são revelados, ou inventados, muitas vezes em áreas científicas e tecnológicas aparentemente muito distintas, a Matemática pode ser usada para explicar, medir e controlar processos naturais. É uma ciência que tem uma influência universal no nosso dia a dia e contribui de forma decisiva para o progresso da humanidade.

Para além da sua beleza única e do seu conteúdo abstrato (axiomas, teoremas, teorias) a **Matemática estimula diversos modos de pensamento**, incluindo modelagem, simulação, abstração, análise lógica e dedutiva, inferência a partir de dados, manipulação de símbolos e experimentação. Profissionalmente falando, tem **um campo de aplicações praticamente ilimitado**, presente em quase todas as áreas do conhecimento humano. [Destaque nosso] (**KREMER, 2011, p. 3**)

Ainda na mesma linha, essa jovem psicopedagoga nos mostra que

A matemática surgiu da necessidade de antigos povos de **melhor articularem suas atividades quotidianas**. Conhecendo a história da matemática percebemos que as teorias que hoje aparecem acabadas e elegantes resultaram sempre de desafios que os matemáticos enfrentaram, que foram desenvolvidas com grande esforço e, quase sempre, numa ordem bem diferente daquela em que são apresentadas após todo o processo de descoberta. De uma forma bem estruturada, além de sequencial, a matemática tornou-se uma disciplina escolar obrigatória. E já que em algum momento da vida faz-se necessário aprender essa ciência, é também necessário que alguém a estude para ensiná-la. [Destaque nosso] *(Ibda.)*

Mas nada disso vamos encontrar na Educação Matemática, de cujo ensino sistemático, vai trazer uma enorme quantidade de conteúdo e demonstrações a se memorizar, mas nenhuma relação com a realidade, muito menos ainda com qualquer área outra de conhecimento. **É o aprender matemática pela própria matemática.**

• **Síndrome da Aritmética**

Apesar das grandes evoluções nas Matemáticas com diversidades extraordinárias e complexas, algumas dessas evoluções restam presas a uma suposta exigência da aritmetização de todas as Matemáticas. Vislumbra-se um penetrante ranço espalhado aos *corredores dos rigores*, que só se analisa, produz ou comprova matemática, se sob os auspícios das 'ferramentas aritméticas'. Sem o rigor aritmético, nada pode ser reputado como conhecimento ou solução matemática.

A contagem sem a Aritmética é inabitual, mas as Matemáticas integralmente submissa à Aritmética é um absurdo inimaginável. Tome-se somente o exemplo da Álgebra Abstrata que em todo o seu percurso só são aplicadas **operações aritméticas a título de exemplos e demonstrações, quando** justo no ambiente da Álgebra Abstrata se tenta encontrar soluções que a Aritmética se mostrou incapaz de oferecer dilucidação.

Um breve percurso pela história, vai nos trazer subsídios valorosos e sólidos para a existência dessa *'sintomática'*. O transcurso histórico das Matemáticas revela que a fase seguinte à contagem e a pictorização do cálculo aritmético através da geometria, desenvolveu-se a análise na Matemática. Mas a análise nem sempre suporta a aritmetização.

Numa palestra durante a Reunião da *American Mathematical Society*, em 25.02.1899, sob o título *On the Arithmetization of Mathematics*[48], o renomado Professor *James P. Pierpont* (*Connecticut*, 1866 - *San Mateo*, Califórnia, 1938), matemático estadunidense, defendeu, *litteris*:

> **As linhas a seguir são uma tentativa de mostrar por que os métodos aritméticos formam a única base segura em análise atualmente conhecida.** Certas razões gerais são indicadas em um artigo muito sugestivo de *Klein*. Esforcei-me para levar essas ideias adiante e indicar exatamente por que os argumentos baseados na intuição não podem ser considerados finais na análise. Para fazer isso, agrupei alguns fatos bem conhecidos de modo a apoiar a conclusão que é formulada no final deste trabalho. Sem dúvida, uma linha de pensamento semelhante ocorreu a outros que se debruçaram sobre esse assunto fascinante, situado na **fronteira entre a matemática e a metafísica**; mas **não vi nada do tipo impresso**.
>
> O argumento cai sob duas cabeças. A primeira trata de **magnitudes ou quantidades** (*Grössen*). É muito fácil apontar a grosseira falta de rigor a esse respeito e mostrar como sua correção leva inevitavelmente à moderna teoria dos números irracionais como desenvolvido por *Weierstrass, Dedekind* ou *G. Cantor*. O **assunto é tão óbvio** que dediquei apenas algumas linhas a ele. O segundo título trata da nossa **intuição**. Isso requer mais detalhes, e não hesitei em fazer o argumento apelar a todos citando numerosos exemplos.[49] [Tradução e destaque nosso]

---

[48] Sobre a aritmetização da matemática. [Tradução nossa].

[49] *The following lines are an attempt to show why arithmetical methods form the only sure foundation in analysis at present known. Certain general reasons are indicated in a very suggestive paper by Klein. I have striven to carry these ideas further and indicate exactly why arguments based on intuition cannot be considered final in analysis. To do this I have grouped certain well known facts so as to support the conclusion which is formulated at the end of this paper. Doubtless a similar train of thought has occurred to others who have dwelt on this fascinating subject, lying on the border line between mathematics and metaphysics; but I have seen nothing of the kind in print.*
The argument falls under two heads. The first deals with magnitudes or quantities (Grössen). It is very easy to point out the gross lack of rigor in this respect and to show how its correction leads inevitably to the modern theory of irrational numbers as developed by Weierstrass, Dedekind or G. Cantor. The matter is so obvious that I have devoted, only a few lines to it. The second heading treats of our intuition. This requires more detail, and I have not hesitated to make the argument appeal to all by citing numerous examples. (Disponível em: https://projecteuclid.org/journals/bulletin-of-the-american-mathematical-society-new-series/volume-5/issue-8/On-the-arithmetization-of-mathematics/bams/1183415834.full. Acesso em: 13.11.2022 14:25h

Pelo visto as conclusões foram baseadas no *óbvio* e na pura *intuição*; que adidas ao citado *"não vi nada do tipo impresso"*, referindo-se evidentemente a estudos metafísicos e eventualmente, *metamatemáticos* em contrário, levou o *Pierpont* a adotar e recomendar o rigor aritmético na análise matemática, numa demonstração de que essa postura já era adotada bem antes do no século XIX. Decididamente, os argumentos levantados por *Pierpont* são extremamente frágeis e por demais devolutos.

Uma demonstração da proficiência da Aritmética, encontramos no seguinte relato:

> A palavra "cálculo" vem do latim *calculus* que queria dizer "pedrinha". Ainda hoje usamos a palavra "cálculo" com esse sentido latino quando nos referimos aos "cálculos biliares", por exemplo. A relação dos *calculi* com as operações aritméticas vem do fato de que essas operações eram feitas pelos romanos no ábaco, por meio da contagem das "pedrinhas" (ou "contas") presas nos arames. Sempre que um romano precisasse fazer uma "conta" qualquer (uma soma, por exemplo) ele traduziria as parcelas a serem somadas para a "linguagem" do ábaco (uma linguagem de "contas" ou  "pedrinhas") e, nessa linguagem, faria a operação, traduzindo o resultado novamente para a linguagem dos algarismos romanos. Podemos dizer que o "contabilista" romano se via às voltas com duas linguagens distintas: a **linguagem dos algarismos romanos**, inadequada para a efetivação das operações aritméticas, e a **linguagem do ábaco**, adequada para a realização das operações. Por um processo de "contaminação" dos significados denominado metonímia[50], o termo "cálculo" ficou relacionado com a linguagem em que se podem realizar operações aritméticas sem a ajuda de outros elementos que não a própria linguagem. Vistas assim as coisas, podemos dizer que a **linguagem dos algarismos romanos**, uma vez que não se podem fazer nela operações aritméticas sem a ajuda do

---

[50] Figura de retórica que consiste no uso de uma palavra fora do seu contexto semântico normal, por ter uma significação que tenha relação objetiva, de contiguidade, material ou conceitual, com o conteúdo ou o referente ocasionalmente pensado.

ábaco, não é uma **linguagem adequada para o cálculo**. Uma das grandes virtudes da **linguagem dos algarismos arábicos** é que ela é adequada para o cálculo, ou seja, **é possível realizar operações aritméticas usando exclusivamente expressões da própria linguagem**. É exatamente isso que aprendemos nos primeiros anos da escola: como organizar as expressões da **linguagem da aritmética** para que possamos fazer "contas" usando apenas as expressões. E é exatamente por isso que os **algarismos arábicos** substituíram os **algarismos romanos** em todos os contextos, tornando-os uma mera curiosidade histórica (exceto, talvez, nos mostradores dos relógios e nas numerações dos capítulos de livros). [Destaque nosso]
(Autor desconhecido)

Além de uma excelente descrição da origem da palavra cálculo nas Matemáticas, o raconto acima vai nos levar à real relevância da aritmética. Entretanto reduzir a lógica utilizada no cálculo às 'virtudes' de uma linguagem, conferindo às expressões que comporão os raciocínios linguísticos numa tal análise, levando-se em consideração apenas as expressões linguísticas e sua organização, para construir o cálculo, seria por demais temeroso. Compreensivelmente, que os primeiros a se dedicarem à tarefa de construção de cálculo sob os auspícios da lógica, abandonaram a língua natural como base para essa construção e voltaram-se à linguagem da aritmética. Todavia linguagem, mesmo nesses tempos imemoriáveis, não passava de linguagem, mesmo quando ferindo a lógica, mas

cálculo só é cálculo sob os auspícios da lógica e com devaneio distante das linguagens.

Dessa forma, há inúmeras áreas das Matemáticas que não suportam o rigor aritmético, como no caso das simetrias e das desigualdades, da Teoria dos Conjuntos, do Teorema da Compacidade, dos Campos Vetoriais, da Análise Combinatória, dos Espaços Normados, do Teorema de *Baire* e muitas outras importantes ferramentas da chamada Matemática Superior, de cujo exame certamente extrapolaria o objeto do presente estudo.

- **Síndrome da Apologia à memorização e ao rigor linguístico**

Na Educação Básica a apologia à **memorização** e ao **rigor linguístico** é notório e exaustivo. Em nenhum momento, o *pensar matemática* é privilegiado. Com isso a criatividade e a intuição, principais motores dinâmicos do amor às Matemáticas por parte da juventude ficam total e absolutamente abandonados, no mínimo desprestigiados. Ademais, como visto no capítulo Linguagem, não é tratado o ali abordado rigor linguístico, mas na Educação Básica, esse rigor se realiza com a memorização de regras e de condições linguísticas específicas.

O que atrai o jovem a interessar-se pelas matemáticas é justamente a criatividade e a intuição, nunca a memorização de conteúdo ou de 'rigor' linguístico; por isso exsurge a decadência do interesse nas Matemáticas e até o ódio à essa memorização e a esse 'rigor' linguístico, que são apresentados, no Ensino Básico, como matemática, enquanto disciplina obrigatória. É isso mesmo, os nossos jovens nunca odiaram, não odeiam e jamais odiarão as Matemáticas, mas da obrigatoriedade de memorização de conteúdo e do 'rigor' linguístico nunca serão *amigos*. É um cálculo muito simples: os jovens adoram as criações, abstrações e intuições das Matemáticas, mas abominam a memorização e o 'rigor' linguístico. E, em nosso entender estão repletos das melhores razões e corretíssimos, nesse particular.

Não bastasse a infundada pressão para memorização de conteúdo e para o rigor linguístico, ainda se observa uma gigantesca apologia à essa nefasta caracterização das Matemáticas: as Olimpíadas de Matemática.

Nada obsta que se realize as Olimpíadas de Matemática, aliás até louvável, desde que em, no mínimo, três versões: (a) memorização e 'rigor' linguístico, (b) criação e (c) pensar matemático. Toda evolução, desenvolvimento, criação e inovação nas Matemáticas só se devem à capacidade à inteligência criativa e intuitiva de matemáticos em todos os tempos. O que auferimos em conhecimento matemático no passado, é fruto da criatividade e intuição de grandes matemáticos do quilate de *Leibniz, Euler, Lagrange, Gauß, Abel, Jacobi, Galois, Klein, Ramanujan, Einstein* e muitos outros; aliás dos dois últimos, notória era a antipatia ao 'rigor' linguístico.

*Ademais não se tem notícias que extremos de memorização e de rigor linguístico tenha produzido uma única **criação** ou **inovação** nas Matemáticas; não raro os criadores e inovadores nas Matemáticas sequer possuíam **formação convencional** em matemática.*

Com as Olimpíadas de Matemática no formato atual (memorização e 'rigor' linguístico) o Brasil e muitos outros países estão excluindo de forma abominável a juventude das criações e inovações matemáticas, quando não reduzindo essa mesma juventude a, no mínimo, evitar as Matemáticas. Estados Unidos e grande parte da Europa já estão noutro rumo e com muito sucesso, em especial na Educação Básica, como exemplificam a Finlândia e a Dinamarca.

- ## Síndrome da Brasilidade

Neste estudo há de se incluir aqui um conjunto de fenômeno por todos conhecido, mas que ninguém reflete sobre o problema, muito menos ainda há envolvimento qualquer para mudar esse fenômeno tão nocivos para toda a nação brasileira. A práxis da brasilidade há muito não é o bem maior dos brasileiros. Em contrário se mostra obstáculo para a construção de numa nação justa e auspiciosa. Basilares características nacionais: a benevolência com a corrupção e com a ineficiência; misticismo, defraudação e superficialidade exorbitantes; descomedidas incapacidades política, administrativa e cidadã; apego a todo tipo de endividamento, inclusive em questões ambientais, em prejuízo de poupança financeira e de recursos naturais; bem como amplificada ignorância matemática, histórica, política, social, econômica e ética. Enfim, ampara a brasilidade apenas o futebol, o carnaval, o cafezinho e, mais recentemente, o incomplacente misticismo; todo o resto é supérfluo. Tudo isso contamina todos os ambientes e classes sociais da Nação Brasileira, em especial a Educação, sempre repassado de pais para filhos.

✓ Critério Filosófico

Para melhor descrever esse fenômeno buscamos assistência do escritor checo *Vilém Flusser*, que em sua análise sobre a situação do homem no Brasil, em seu trabalho "*Fenomenologia do brasileiro*", anota:

O homem é um ente essencialmente perdido e, quando se dá conta, procura encontrar-se. (FLUSSER, 2008)

E diz mais:

Esta sentença pode ser lida em vários níveis, por exemplo, no nível religioso ou no nível de um bandeirante no sertão, e seu sentido é sempre este: a **decisão de tomar caminho** (ou abrir caminho) depende sempre de um mapa da situação na qual o homem se encontra. Isto significa que toda decisão depende não apenas da posição das coisas, mas também da imagem que fazemos da posição das coisas (provavelmente isto tem muito a ver com o problema da liberdade). [Destaque nosso] *(Ibda.)*

A grande questão do brasileiro, ainda é a '*decisão de tomar caminho*', não muito distante disso estamos nós no *aqui e agora*. Tomando essa constatação como introito, recorremos à lição exposta a título de conclusão do acima referido trabalho, que nos ensina:

Eis o diagnóstico e o prognóstico para o brasileiro atual do ponto de vista de um imigrante que se engaja nele e com ele: o Brasil é país miserável, há fome e há doenças, grande parte da população vegeta em primitividade secundária, encontra-se condicionado por natureza pérfida e forças externas. Em tal situação de miséria, porém, existem germes de um projeto brasileiro, o qual, mediante síntese de elementos heterogêneos, visa a uma nova maneira de vida humana, digna, lúdica e criadora.

> [...]
> O projeto, embora apenas germe, está aqui, não é mera fantasia, por mais que várias ideologias o queiram negar porque **o projeto se opõe ao progresso** por elas visado.
> [...]
> Fazer mais automóveis, ou mais um livro, seria tão absurdo quanto o é na Europa e nos Estados Unidos. A **sensação do absurdo** não caracteriza o Brasil justamente porque existe o projeto. [...] quem se engaja nele poderá dizer, na hora da morte, que não viveu inteiramente sem sentido - embora tal afirmativa vá passar pelo crivo da hora da morte, cheirando, no momento, perigosamente, a demagogia.
> O problema é este: no fundo, quando se trata de **dar sentido à vida**, quando se trata de **engajar-se**, quando se trata de "um novo homem", **é da religiosidade que se trata**. [Destaque nosso] (*Ibda.*)

✓ **Projeto de Vida e as Moscas**

O projeto aqui apontado, nem sempre fica claro para os brasileiros, que gostam de ver os projetos dos outros e pouco se interessam pelo seu próprio projeto. E quando tem projeto, *'é da religiosidade que se trata'* ...

Evocando a brilhante obra do francês *Jean Paul Sartre, d'As Moscas*[51], vislumbramos com entusiasmo extremo o seu engajamento pela resistência e apontamento em vista da tragédia francesa ante o terror nazista e a conivência com os colaboracionistas. Mas, em nenhum momento, reconhecemos qualquer paralela com o comportamento cotidiano do brasileiro, quando resistir não tem espaço. Muito nos preocupa encontrar o significado das *moscas*, de *Oreste*, de *Eletra* e de outros personagens e fenômenos da peça sartreana, mas jamais encontramos nos brasileiros, o confronto com o seu próprio cotidiano e os seus fenômenos existencialistas no *aqui e agora*.

---

[51] Foi a primeira peça de teatro publicada por *Sartre* (em 1943), como repaginação do mito grego de Orestes acrescentado de uma carga existencialista transcrita em uma crítica oculta a chegada nazista ao território francês. *Sartre* constrói um debate filosófico diante da figura divina de um deus e demonstra como nós humanos estamos condenados à liberdade. A passagem em que Orestes diz a Júpiter "*O homem está condenado a construir o seu próprio destino*" demonstra os anseios do autor em provar a libertação humana da submissão às forças divinas.

Ao delinear as paralelas simbólicas aqui apontadas, vislumbra-se a obrigatoriedade para qualquer nação de reconhecer os fenômenos que aterrorizam os oprimidos. À guisa de exemplo, refletidos no nosso cotidiano, postula-se os fenômenos comportamentais humanos aqui tratados, bem como toda a gama de vícios da nossa sociedade. E resta reconhecer que nos oprime não uma força externa, mas os nossos próprios vícios. Assim, poder-se-ia traçar a primeira paralela simbólica, momento em que apontamos os nossos vícios como as 'moscas' da brasilidade, como talvez iria entrever *Sartre*.

✓ Bem do Espírito

Ainda na vereda da Filosofia, procuramos um novo conceito, agora visando a base filosófica de um projeto de solução: procurar o bem para a brasilidade. E retomando o caminho ontológico, lemos em *Russell* (1912, p. 239) que ensina *"exclusivamente entre os bens do espírito que o valor da filosofia deve ser procurado"*[52]. Mas, será que seria um bem no sentido kantiano do conceito *Vermögen*[53]? Tudo indica que sim, pois aquele autor vislumbra na filosofia a função precursora da ciência especial: astronomia, psicologia, etc. Disso se deva concluir que ela também seja precursora de outros bens espirituais como a felicidade e a sabedoria, do patrimônio ético do homem, bem como de todos os parâmetros de orientação da vida, numa ligação ontológica e indisponível, ainda presente em toda a amplitude do agir do ser humano. Por fim, em *Russell*, encontramos também que a Filosofia visa o conhecimento, pelo que se conclui ser o bem filosófico russelliano o mesmo que *Kant* intitula de *Vermögen*, bem do espírito, patrimônio cultural e científico, sabença, erudição.

Se procuramos esses valores ou bem do espírito para a brasilidade, necessitamos ainda ao uso da Filosofia, identificar os nossos vícios. Com *Russell*, os conflitos posteriormente alçados, se apresentam mais aparente que real, já que *"os problemas para os quais já se tem respostas positivas vão sendo colocados nas ciências, enquanto que aqueles para os quais não se encontrou até hoje nenhuma resposta exata, continuam a constituir esse resíduo que denominamos de filosofia"*[54] [Tradução nossa] (*Ibda.*, p. 240). É a questão da qualidade precursora da Filosofia: as ciências exatas lançam-lhe as questões, a Filosofia devolve soluções. E nessa convicção, *Russell* nos ensina: *"O valor da filosofia, na realidade, deve ser buscado, em grande medida, na sua própria incerteza."*[55] [Tradução nossa] (*Ibda.*, p. 242)

Dessas reflexões e, na busca de melhor entender as questões da brasilidade, passamos a analisar a crise do relacionamento humano, partindo da fenomenologia humana, pensando com *Sartre*, com *Russell* ou com *Kant*, decididamente, se chega

---

[52] *It is exclusively among the goods of the mind that the value of philosophy is to be found;*

[53] Traduzido no sentido dicionarista: patrimônio, bens, recursos, capacidade.

[54] *[...] those questions which are already capable of definite answers are placed in the sciences, while those only to which, at present, no definite answer can be given, remain to form the residue which is called philosophy.*

[55] *The value of philosophy is, in fact, to be sought largely in its very uncertainty.*

sempre à conclusão de que somente a Filosofia poderá apresentar a decisiva contribuição para o apaziguamento das relações entre humanos.

Apresenta-se como de grande produtividade e representa potente fator de crescimento pessoal e intelectual refletir sobre as paralelas existentes entre a tragédia de *'As Moscas'* com as tragédias do nosso cotidiano. Anualmente, são gastas imensas somas de recursos financeiros para combater ou reparar os efeitos nefastos dos fenômenos implicantes ou estorvantes nas relações humanas, que se apresentam como cardiopatias, pressão arterial alta, distúrbios endocrinológicos, cânceres do aparelho digestivo, doenças e anomalias psíquicas graves, estresse severo, síndrome de dupla personalidade e uma enormidade de outros males.

A ação dos nazistas e seu terror pararam com o fim da segunda guerra mundial. Mas, ainda perduram até hoje os efeitos, de *'as moscas'* então produzidas. Não refletimos ou traçamos paralelas entre os nocivos fenômenos do hoje, e daqueles que motivaram *Sartre* à escritura d'*As Moscas'*. E não estão com *Sartre*, as novas 'moscas': *Bullying, Mobbing, Síndrome do Pequeno Poder*, a Intriga? Mesmo assim, esses fenômenos se mostram, hoje, tão eficientes quanto nocivos para desenvolver nas relações humanas grandes devastações, como então as *moscas* simbólicas de *Sartre*.

Decididamente, a essência do simbolismo e da teratologia no hoje está muito próxima da ação nazista de então; forma idêntica produzem *'as moscas'* em todos os ambientes de que fazem parte ou agem. Por isso, seguir o imperativo categórico kantiano é uma obrigação geral sem qualquer restrição ou exceção.

✓ **Da Estética**

Outra grande questão, que caracteriza o brasileiro é a estética que vai conceber o conceito de Nação Brasileira, que impede mudanças estruturais e socioeconômicas fundantes, para as quais o brasileiro aguarda soluções da *justiça* ou do Governo. Dentre outros, enfatizamos os seguintes fenômenos estéticos gerados e mantidos pelos brasileiros: (**a**) o Estado obrigar-se a disponibilizar às autoridades (secretário de estadual ou municipal, chefe de ente público, senador federal, desembargador, juiz federal etc.), obrigatoriamente, luxo e carro oficial com motorista, caso contrário, a autoridade perde sua *legitimidade*, no mínimo a *dignidade*; (**b**) o transporte público deve ser lotado acima do máximo permitido e ter como paradigma a velocidade máxima, descuidando da garantia do conforto e da segurança dos passageiros, pois o desejado é o uso do carro particular; (**c**) a longa fila (nos bancos, nas paradas de ônibus', no cinema, nos *self-service's*, nos serviços públicos etc.); (**d**) o cidadão em situação de miséria pertencem à *paisagem* brasílica; (**e**) a Saúde Pública deve ser ineficiente e congestionada, pois o desejado é o plano de saúde; e (**f**) a educação básica além de deficiente, não educa para a vida, para o exercício da cidadania e para o trabalho. Resumindo: no Brasil, tudo tem que ser inadequado e ineficiente, em contrário não seria Brasil. Robusto elenco de objetos para os Laboratórios de Matemática nas escolas do país.

Recentemente, o portal alemão *Deutsche Welle* divulgou uma reportagem, na qual o sociólogo *Martin Gegner*, doutor em sociologia urbana da Universidade Técnica de Berlim e professor visitante da USP, onde assim se expressa sobre as questões sociais no Brasil:

> **O Brasil ainda mantém a tradição de privilegiar o automóvel em detrimento do transporte coletivo, e alterar esse panorama demanda não só políticas públicas, mas uma mudança na mentalidade do brasileiro.**
>
> [...] O Brasil ainda vive a influência do ideal modernista de urbanismo, em que as cidades são planejadas em função do carro, com prédios e garagens grandes, com bairros ligados por grandes vias rodoviárias. O grande exemplo disso é Brasília.
>
> [...] No Brasil ela [a bicicleta] é vista como lazer e não como transporte. Na Alemanha, as grandes cidades estão cobertas de ciclovias e as pessoas usam a bicicleta para ir trabalhar.
>
> [...] O custo do VLT é muito menor que o do metrô, porque qualquer obra subterrânea é muito cara e lenta. As pessoas associam isso ao bonde de antigamente, mas não tem nada a ver. É um transporte rápido, de massa e confortável.[56]

Essas reflexões do sociólogo alemão *Gegner* em face do transporte público no Brasil, aparentemente está fora deste contexto, mas espelha com perfeição a postura do brasileiro perante a sociedade como um todo e impregna os vínculos de inter- e de transubjetividade no hodierno nacional. E é a mesma qualidade de postura e de estética que a sociedade brasileira aplica ante a educação.

Se tomarmos como exemplo os milhares programas televisivos 'informativos' da 'realidade como ela é' do tipo 'Barra Pesada', sob o manto do 'jornalismo policial', aos milhares distribuídos por todo o território nacional, enaltecendo (no sentido de tornar 'famoso' o criminoso e o meliante), não por último, ensinando a prática do crime, muito mais ainda, gerando o espírito de vingança ante os acusados, sem

qualquer desassossego com o Direito da Personalidade dos mesmos, já a partir da constatação do fato. Isso só lembra o processo nos tempos medievais, a inquisição.

Refletir se faz necessário, em especial nessa questão. Não há como pensar e ser futuro sem a Filosofia e sem as Matemáticas. E todos esses fenômenos implicam em estorvos na Educação em geral.

- **Síndrome do *Bullying***

Entre as Agressões Intencional-Teleológicas a que mais frequentam o ambiente educacional, decididamente situa-se o

---

[56] *DEUTSCHE WELLE:* Transporte melhor esbarra na mentalidade do brasileiro, diz especialista. Reportagem. Bonn: *Deutsche Welle* – Notícias – Meio Ambiente, 2013. Disponível em <https://www.dw.com/pt-br/transporte-melhor-esbarra-na-mentalidade-do-brasileiro-diz-especialista/a-17147470>. Acesso em: 01.01.2023 22:44h.

bullying. Numa outra obra já articulamos o semblante ontológico desse fenômeno à uma análise contextuada como segue:

> A relação do humano com o humano é um dos problemas mais discutidos e mais complexos da nossa realidade. Não há como negar a tendência individual e egoística do ser humano em todas as suas relações com o universal. Constatamos sempre a tendência de uma relação do eu para o eu, enquanto o dever ser obriga o desenvolvimento da relação do eu para o tu e para o nós, ainda o da relação do eu com a natureza e a com o universo. Aqui, reside a grande dificuldade do homem.
>
> Dentro dessa óptica, se faz necessário procurar, no âmago da existência do homem e de seu ontológico, o surgir de fundamentos, que levam o homem a apresentar desvios de comportamento na sua relação com a alteridade, com a comunidade, com o seu *habitat* e com o universo. (PONTES, 2019, p. 161)

Nessa mesma coletânea aplicamos à essa obsessão delituosa a acepção que segue, *in litteris*:

> A circunspeção do conceito Bullying (do inglês *bully* = "valentão"), termo originário da língua inglesa, nos leva a caracterizá-lo como atos de violência física ou psicológica, intencionais e, obrigatoriamente, de caráter repetitivo, praticados por indivíduo ou grupo de indivíduos, com o objetivo de intimidar ou agredir outro indivíduo (ou grupo de indivíduos) incapazes de se defender, com expressão "verbal (insultar, ofender, falar mal, colocar apelidos pejorativos, "zoar"), física e material (bater, empurrar, beliscar, roubar, furtar ou destruir pertences da vítima), psicológica e moral (humilhar, excluir, discriminar, chantagear, intimidar, difamar), sexual (abusar, violentar, assediar, insinuar), virtual ou *ciberbullying* (*bullying* realizado por meio de ferramentas tecnológicas: celulares, filmadoras, internet etc.)" (*apud* SILVA, 2010).
>
> Trafegar na história do Bullying nos leva à constatação de que se trata essencialmente de uma grave intimidação, "embora muitos entendam que se trata daquela velha brincadeira, que sempre existiu às vezes sem graça, em que pessoas são apelidadas conforme

suas particularidades, na verdade, o *bullying* não é uma brinca-deira" (*apud* ESCOREL; BARROS, 2008) (*Ibda.*, p. 162-163)

Inacreditável, mas a maioria das pessoas ainda considera o *Bullying* como brincadeira, mas é crime previsto nos seguintes dispositivos legais:

a) Código Penal Brasileiro

> **Art. 146 - Constranger alguém, mediante violência ou grave ame-aça, ou depois de lhe haver reduzido, por qualquer outro meio, a capacidade de resistência, a não fazer o que a lei permite, ou a fazer o que ela não manda: Pena - detenção, de 3 (três) meses a 1 (um) ano, ou multa.**
>
> Art. 147 - Ameaçar alguém, por palavra, escrito ou gesto, ou qual-quer outro meio simbólico, de causar-lhe mal injusto e grave: Pena - detenção, de 1 (um) a 6 (seis) meses, ou multa.

b) Estatuto Criança e Adolescente — ECA

> **Art. 5.º - Nenhuma criança ou adolescente será objeto de qualquer forma de negligência, discriminação, exploração, violência, cruel-dade e opressão, punido na forma da lei qualquer atentado, por ação ou omissão, aos seus direitos fundamentais.**
>
> [...]
>
> Art. 17. O direito ao respeito consiste na inviolabilidade da integri-dade física, psíquica e moral da criança e do adolescente, abran-gendo a preservação da imagem, da identidade, da autonomia, dos valores, ideias e crenças, dos espaços e objetos pessoais.

O Estatuto do Idoso preserva de forma idêntica os idosos da hostilização pelo *bullying*. Esses dispositivos oportuni-zam tanto a ação cível (indenização por danos morais e materiais) como, de forma acessória, a ação penal com a aplicação de detenção e/ou de multa.

Em se tratando de Agressão In-tencional-Teleológica, o *bullying* não fica fora das escolas e das universida-des, em contrário, atos de espalhar comentários desairosos, recusa em se socializar com a vítima, intimidar ou-tras pessoas que desejam se sociali-zar com a vítima, criticar o modo de vestir ou outros aspectos socialmente significativos (incluindo a etnia da ví-tima, religião, incapacidades, etc.); apor denominações como *"baleia"*, *"fi-lhinho de papai"*, *"playboy"*, *"neguin"*, *"negão"*, *"CDF"* e muitos outros apelidos e caracterizações que são aplicados em todos os ambientes sem qualquer restrição ou reflexão.

Essa evolução também gera a incapacidade de criação de um bom clima de relacionamento nas comunidades e grupos, resultando em grandes prejuízos, inclusive de vidas humanas. Não raro as agressões com arma de fogo no ambiente escolar não estejam ligadas à prática do *bullying*, que atinge de forma idêntica tanto a alunos e a estudantes, como a professores e a docentes, construindo uma rede de terrorismo psicológico em larga escala e com dimensões que extrapolam qualquer controle. Resultando em diminuto rendimento escolar, absenteísmo e evasão escolar, *deficits* de atenção e concentração, depressão, transtornos ansiosos, estresse, ideações suicidas, alterações do humor. (*Ibda.*, p. 163-164)

- **Síndrome do Errar**

Por mais inusitado que seja, não há como se desmerecer a incapacidade absoluta de matemáticos em geral, de admitir erro. Errar é algo que um matemático jamais pode conceber para si próprio. Os alemães cultivam uma tradição muito bizarra, conhecida como *Lei do Chefe*; nela constam apenas dois *artigos*:

> **Lei do Chefe**
> Art. 1º — O chefe nunca erra.
> Art. 2º — Caso eventualmente o chefe esteja errado, o art. 1º entra imediatamente em vigor.[57]

Certamente essa lei não é do conhecimento dos matemáticos, em contrário *incontinenti* a adotariam com a devida modificação no texto: 'matemático' ao invés de 'chefe'.

Todavia essa postura é altamente nociva para a evolução das Matemáticas, com maior propriedade ainda para a Educação e Ensino das Matemáticas. Erro conduz sempre ao aprendizado, o acerto raramente induz a novo conhecimento ou tirocínio. O adágio popular já ensina: *o bebê só aprende a andar, quando a bunda está roxa.* Mas, saber disso não é tão necessário, basta o lembrar do aprender a *andar de bicicleta* na infância, já suficientemente nos ilustra quantos machucados foram necessários para a condução correta da *magrela*.

Realmente o erro é fundamental para uma boa didática e ensino proficiente[58], conforme tomamos abaixo:

---

[57] No original em alemão não consta 'artigo', mas '§', posto que as leis alemãs são (sub)divididas em '§' e alíneas, que vão corresponder a 'artigos' nas leis brasileiras. *[Paragraph 1 — der Chef hat immer recht Paragraph 2 — hat der Chef einmal nicht recht; tritt automatisch Paragraph 1 in Kraft.]*

[58] Aliás, sem erro não se alcança a proficiência em área alguma.

A análise de erros é um tipo de avaliação diagnóstica que pode ajudar um professor a determinar quais tipos de erros um aluno está cometendo e por quê. Mais especificamente, é o processo de identificar e revisar os erros de um aluno para determinar se existe um padrão de erro, ou seja, se um aluno está cometendo o

mesmo tipo de erro consistentemente. Se existir um padrão, o professor pode identificar os equívocos ou déficits de habilidades de um aluno e, subsequentemente, projetar e implementar instruções para atender às necessidades específicas desse aluno.

A pesquisa sobre análise de erros não é nova: **pesquisadores de todo o mundo vêm realizando estudos sobre esse tópico há décadas**. A análise de erros tem se mostrado um método eficaz para identificar padrões de erros matemáticos para qualquer aluno, com ou sem deficiência, que tenha dificuldades em matemática.[59] [Tradução e destaque nosso] (BROWN; SKOW, 2016)

Do mesmo autor tomamos os benefícios da análise de erros, que contam abaixo relacionados:

Benefícios da análise de erros
Uma análise de erros pode ajudar um professor a:
• Identifique **quais etapas** o aluno é capaz de executar corretamente (em vez de simplesmente marcar as respostas como corretas

---

[59] *Error analysis is a type of diagnostic assessment that can help a teacher determine what types of errors a student is making and why. More specifically, it is the process of identifying and reviewing a student's errors to determine whether an error pattern exists – that is, whether a student is making the same type of error consistently. If a pattern does exist, the teacher can identify a student's misconceptions or skill deficits and subsequently design and implement instruction to address that student's specific needs.*
Research on error analysis is not new: Researchers around the world have been conducting studies on this topic for decades. Error analysis has been shown to be an effective method for identifying patterns of mathematical errors for any student, with or without disabilities, who is struggling in mathematics.

ou incorretas, algo que pode mascarar o que o aluno está fazendo certo)

• Determinar que **tipo de erro** um aluno está cometendo

• Determinar se um erro é um erro de cálculo único ou um **problema persistente** que indica um importante mal-entendido de um conceito ou procedimento matemático

• Selecionar uma **abordagem instrucional** eficaz para abordar os equívocos do aluno e ensinar o conceito, estratégia ou procedimento correto.[60] [Tradução e destaque nosso] (*Ibda.*)

Interessante é que *Brown & Skow* ainda indicam um bom roteiro que facilita a análise de erro, uma preciosa contribuição para simplificar o entendimento e um excelente toque didático, conforme demonstra o texto abaixo:

Etapas para realizar uma análise de erro
Uma análise de erro consiste nas seguintes etapas:
Etapa 1. Coletar **dados**: peça ao aluno para resolver pelo menos 3 a 5 problemas do mesmo tipo (por exemplo, multiplicação de vários dígitos).

Etapa 2. Identificar **padrões de erro**: Revise as soluções do aluno, procurando padrões de erro consistentes (por exemplo, erros envolvendo reagrupamento).

Etapa 3. Determinar as **razões dos erros**: Descubra por que o aluno está cometendo esses erros.

Etapa 4. Use os dados para **abordar os padrões de erro**: Decida que tipo de estratégia instrucional abordará melhor os déficits de

---

[60] *Benefits of Error Analysis*
An error analysis can help a teacher to:
• *Identify which steps the student is able to perform correctly (as opposed to simply marking answers either correct or incorrect, something that might mask what it is that the student is doing right)*
• *Determine what type(s) of errors a student is making*
• *Determine whether an error is a one-time miscalculation or a persistent issue that indicates an important misunderstanding of a mathematic concept or procedure*
• *Select an effective instructional approach to address the student's misconceptions and to teach the correct concept, strategy, or procedure*

habilidade ou mal-entendidos de um aluno.[61] [Tradução e destaque nosso] (*Ibda.*)

Talvez seja interessante lembrar que muitos erros se tornam marco histórico nas matemáticas, ou apenas constroem fatos interessantes, como no caso abaixo:

No estudo da matemática, todos nós cometemos erros ao longo do caminho. Não estamos nos referindo ao tipo de erros por descuido ou falta de compreensão ou mesmo erros bobos de notação.

Alguns erros são apenas erros sutis bem escondidos. Veja, por exemplo, o matemático inglês *William Shanks* (1812–1882), que levou quinze anos para calcular o valor de π para estabelecer o recorde do número de casas decimais em 1874. Em 1937, no Hall 31 do *Palais de la Decouverte* (hoje um museu de ciência de Paris na *Franklin D. Roosevelt Avenue*), esse valor de π foi produzido com grandes numerais de madeira no teto (uma cúpula) em forma de espiral. Esta foi uma bela dedicatória para este número famoso, mas, surpreendentemente, houve um erro. Descobriu-se que a aproximação de *Shanks* continha um erro, que ocorreu na 528ª casa decimal. Isso foi detectado pela primeira vez em 1946 com a ajuda de uma calculadora de mesa mecânica — usando apenas setenta horas de execução! Esse erro na "sala π" no teto do museu foi corrigido logo em seguida, em 1949. A corrida pela precisão do valor de π está hoje na casa dos trilhões de casas decimais.[62] [Tradução e destaque nosso] (POSAMENTIER; LEHMANN, 2013, p. 8)

---

[61] *Steps for Conducting an Error Analysis*
An error analysis consists of the following steps:
Step 1. Collect data: Ask the student to complete at least 3 to 5 problems of the same type (e.g., multi-digit multiplication).
Step 2. Identify error patterns: Review the student's solutions, looking for consistent error patterns (e.g., errors involving regrouping).
Step 3. Determine reasons for errors: Find out why the student is making these errors.
Step 4. Use the data to address error patterns: Decide what type of instructional strategy will best address a student's skill deficits or misunderstandings.
[62] *In the study of mathematics, we have all made mistakes along the way. We are not referring to the kind of errors due to carelessness or lack of understanding or even silly errors of notation.*
Some mistakes are merely well-hidden subtle errors. Take, for example, the English mathematician William Shanks (1812–1882), who required fifteen years for his calculation of the value of π to set the record for the number of decimal places in 1874. In 1937, in Hall 31 of the Palais de la Decouverte (today a Paris science museum on Franklin D. Roosevelt Avenue), this value of π was produced with large wooden numerals on the ceiling (a cupola) in the form of a spiral. This was a nice dedication to this famous number, but, surprisingly, there was an error. Shanks's approximation was discovered to have contained a mistake, which occurred at the 528th decimal place.

Ao sistema da 'resposta certa' ou 'memorização de conteúdo', certamente a discussão sobre o erro é supérflua. Entretanto, se objetivo é alcançar a proficiência matemática do aluno e a desenvoltura de seu pensamento matemático, então a análise de erro é o método a se eleger. Diversos estudos vão corroborar para as implicações do ensinar matemática ao uso da análise de erros redundam em aprendizado dos alunos com nível de retenção do conhecimento do conteúdo muito mais longo, profundo e diferenciado. Por todo o exposto, exsurge uma urgente inevitabilidade do *erro* esbarrar na sua incumbência didática dentro de sala de aula, para que proficiência matemática resplandeça e notabilize-se.

O erro na abordagem ontológica revela-se uma composição deveras enigmática. Não há de se encontrar qualquer jaça, quando o filósofo francês *Edgar Morin* em entrevista à Revista Prosa Verso e Arte, vai nos ensinar que

> Todo erro deve ser analisado, entendido: é uma oportunidade extraordinária de progredir. A escola ensina muitas certezas, mas ninguém explica às crianças que a vida é feita sobretudo de incertezas: saúde, economia, guerras. Já no ensino fundamental as crianças devem ser educadas para a incerteza, que faz parte da existência, e devem ser capazes de reconhecer erros e ilusões. A melhor forma de fazer isso é ter uma abordagem multidisciplinar do conhecimento.
>
> [...]
>
> São os erros que nos fazem crescer. [Realce nosso] (MORIN, [s.d.])

Nessa paisagem do medo e repúdio ao erro, produzimos uma tragédia imensurável na personalidade dos alunos que vai marcar toda a sua vida e tolher neles a capacidade de aprender dos erros e incertezas, confinando-os na caverna platônica do medo ao erro e à incerteza, que induz inclusive a vários traumas psíquicos e neuroses.

- **Síndrome da Igualdade**

Há um apego anômalo na Educação Matemática ao **2 + 2 = 4**. Dessarte, as Matemáticas só alcançam precisão com a igualdade exata. Mas isso não corresponde à realidade matemática, onde se pode considerar inúmeras outras condições e relações possíveis, como a equidade, maior/menor do que, equivalente, diferente, união, simétrico, existir/não existir, proporcionalidade, implicação, aproximação, ortogonalidade, imaginário, interseção, incidência/adjacência etc.

Figura 18: Igualdade versus Equidade. Fonte: Pinterest, modificação nossa.

This was first detected in 1946 with the aid of a mechanical desk calculator – using only seventy hours of running time! This error in the "π room" on the museum's ceiling was corrected soon thereafter in 1949. The race for accuracy for the value of π is today in the trillions of decimal places.

O aminguamento das relações matemáticas à igualdade aritmética vai gerar indubitavelmente para o aluno, a impressão de que todo o ambiente das Matemáticas Superior e Avançada, no mínimo, não carregue translucidez. É óbvio que na contagem, a igualdade assume uma serventia substancial, entretanto as Matemáticas se desenvolvem e encontram proficuidade nas mais diversas áreas, incluindo circunstâncias transcendentais, subjetivas, quando utilizamos Entes Contingentes *a priori de re* ao elaborar cálculos de alta complexidade e aproximações possíveis, mesmo quando a igualdade não encontrar alcance.

* **Síndrome da Obrigação de Aprender**

Nem uma pessoa está obrigada a aprender ou a deixar de aprender qualquer fenômeno, salvo por previsão em lei e as obrigações dela decorrente, pelo menos no Brasil, como facilmente se pode constatar no bojo da Constituição Federal brasileira, *ad litteram*:

> Art. 206. O ensino será ministrado com base nos seguintes princípios:
>
> ...
>
> II - **liberdade de aprender**, ensinar, pesquisar e divulgar o pensamento, a arte e o saber;
>
> III - **pluralismo de ideias e de concepções pedagógicas**, e coexistência de instituições públicas e privadas de ensino; (BRASIL, 1988)

Portanto todo brasileiro desfruta da liberdade de aprender, assim como os pro-

fessores e docentes possuem a liberdade de pluralismo de deias e de concepções pedagógicas. Alguns me insinuam que sou muito legalista, mas a Educação Básica, no mínimo o Ensino Fundamental, conforme se toma do texto constitucional abaixo, é uma obrigação do Estado, que delega aos prepostos, nomeadamente aos docentes:

> Art. 208. O dever do Estado com a educação será efetivado mediante a garantia de:
>
> I — **educação básica obrigatória** e gratuita dos 4 (quatro) aos **17 (dezessete) anos de idade**, assegurada inclusive sua oferta gratuita para todos os que a ela não tiveram acesso na idade própria; (BRASIL, 1988)

Aqui se trata de um direito-dever, do qual a criança e o adolescente não podem renunciar e nem serem desprovidos. Porquanto o professor, em sala de aula (quer em instituição pública ou privada) não está com muita liberdade para se utilizar do 'método' que desejar (ou que achar correto), posto que o acima citado art. 206 da Carta Magna inibe. Assim, se o professor desejar obrigar a um aluno a aprender ou memorizar determinado conteúdo, definitivamente estará ferindo a liberdade de aprender do aluno insculpida no mencionado art. 206 e incorrendo, no mínimo, em abuso de autoridade, bem como em outras particularidades do Estatuto da Criança e do Adolescente. Isso implica no fato de se o aluno, expressar seu desejo de não aprender, e.g., logaritmo, isso significa que o professor nem pode obrigar e nem por isso prejudicar esse aluno. Simplesmente o aluno tem o direito de não querer aprender logaritmo. Como veremos mais a frente, **obrigar** não oportuniza qualquer tipo de aprendizado ou retenção de conhecimento.

Essa questão é bem mais complexa do que se possa imaginar. Infelizmente já é tradição brasileira de se obrigar alunos e estudantes a aprender e a memorizar conteúdos em oposição à liberdade expressa no art. 206 da Carta Magna brasileira. Mas, essa questão não é só questionável pelo aspecto jurídico, ainda igualmente pelo didático como pelo pedagógico. No aspecto didático, enquanto seja extremamente contra produtivo utilizarse do obrigar para ensinar qualquer coisa, posto que o simples fato de se tentar obrigar, vai levar qualquer ser humano a uma reação de rejeição ou até apavoramento, condições essa que dificultam enormemente o aprendizado. Já o aspecto pedagógico leva-nos ao caminho do motivar e do entusiasmar para a manejo adequado de crianças e adolescentes, como induz as melhores correntes pedagógicas.

A dificuldade que crianças e adolescentes desenvolvem no aprendizado das Matemáticas é por demais recorrente e antigo, como tomamos dos ditos de *Poincaré*, nos seguintes termos:

> Como é que existem tantas **mentes incapazes de compreender a matemática**? Não há algo de paradoxal nisso? Eis uma ciência que apela apenas aos **princípios fundamentais da lógica**, ao **princípio da contradição**, por exemplo, ao que forma, por assim dizer, o esqueleto do nosso entendimento, daquilo de que não poderíamos ser privados sem cessar de pensar, e, no entanto, há pessoas que o **acham obscuro** e, na verdade, são a maioria.[63] (Tradução e destaque nosso) (POINCARÉ, 1914, p. 117-118)

Na visão de *Andreas e Gabriel Stylianides*, temos que

> A declaração de Henri Poincaré captura eloquentemente tanto a **relação inextricável entre matemática e compreensão** quanto a **dificuldade** que envolve aprender matemática com **compreensão**.

---

[63] *How is it that there are so many minds that are incapable of understanding mathematics? Is there not something paradoxical in this? Here is a science which appeals only to the fundamental principles of logic, to the principle of contradiction, for instance, to what forms, so to speak, the skeleton of our understanding, to what we could not be deprived of without ceasing to think, and yet there are people who find it obscure, and actually they are the majority.*

Embora aprender matemática com **compreensão** tenha recebido cada vez mais atenção de educadores matemáticos e psicólogos e tenha sido progressivamente elevado a um dos objetivos mais importantes da educação matemática de todos os alunos, **a realização desse objetivo tem sido problemática**. Muitos fatores podem ser responsáveis por isso, como o conhecimento e a pedagogia dos professores, o currículo, etc. Neste artigo, consideramos um desses fatores, a saber, o currículo, focando na descrição de um quadro curricular de questões relacionadas à promoção da aprendizagem significativa na escola. Esse foco é importante porque, embora a visão dos alunos **aprendendo matemática com compreensão** tenha aparecido com frequência nas estruturas curriculares, essa visão tende a ser mal descrita, oferecendo assim suporte limitado aos desenvolvedores de currículo.[64] (Tradução e destaque nosso) (STYLIANIDES; STYLIANIDES, 2007, p. 103-104)

Embora assentindo que o mestre *Poincaré* utilize o termo *'compreender'*, no sentido de *'aprender'* matemática, no texto acima referido, acompanhamos plenamente a interpretação exposta pelos *Stylianides*. Decididamente, as Matemáticas não são *per se* causa dos

lamentos do grande mestre *Poincaré*, mas a forma como se ensina as Matemáticas. Evidentemente os *Styianides* assumem uma postura proativa, quando defendem a questão do método didático da compreensão, enquanto estamos visando inicialmente, o resguardo do direito constitucional de aluno e estudante à liberdade de aprender, quando reputamos ser esse bem mais amplo e integral, porém não exclui a magnificente didática da compreensão, que de natureza igual aplaudimos. Ao professor não se pode obrigar a aplicação da melhor das didáticas, em todas as áreas e subáreas; entretanto a garantia do direito à liberdade de aprender, vai proteger o aluno e o estudante de uma didática inapropriada ou de menor peculiaridade. Dessa forma estará

[64] *Henri Poincaré's statement captures eloquently both the inextricable relation between mathematics and understanding, and the difficulty that learning mathematics with understanding entails. While learning mathematics with understanding has increasingly received attention from mathematics educators and psychologists and has progressively been elevated to one of the most important goals of the mathematical education of all students, the realization of this goal has long been problematic. Many factors might account for this, such as teachers' knowledge and pedagogy, the curriculum, etc. In this article, we consider one of those factors, namely, the curriculum, focusing on one curriculum framework's description of issues related to promoting meaningful learning in school. This focus is important because, although the vision of students learning mathematics with understanding has often appeared in curriculum frameworks, this vision has tended to be poorly described, thereby offering limited support to curriculum developers.*

também resguardada a equidade de direitos e deveres entre docentes e discentes, independentemente da peculiaridade do método didático-pedagógico aplicado.

Outro forte argumento que sustenta a tutela da liberdade de aprender é a alta complexidade e emaranhados da questão didático-pedagógica, como a adoção da didática da compreensão. Com isso, uma solução, mesmo a longo prazo, é improvável. Para melhor desvendar essa complexidade e seus emaranhados, passamos a abordar alguns aspectos que vão prenunciar em que infortúnio e extensão de cataclismo, a Educação Matemática, se encontra.

A título de exemplo súpero: os Estados Unidos da América (USA), que reputamos o país tido como o mais avançado tecnologicamente no mundo. Já no ano 2000, o *Office of Educational Research and Improvement*[65] (ED), encarregou com um estudo e avaliação da proficiência de alunos norte-americanos em matemática, as seguintes instituições: *National Network of Eisenhower Regional Consortia and National Clearinghouse, Association of State Supervisors of Mathematics* e *Mid-Continent Research for Education and Learning*. Os resultados foram nada auspiciosos, como veremos a seguir.

Primeira constatação:

> Muitas boas intenções foram colocadas em metas ambiciosas de reforma educacional, incluindo aquelas ratificadas pelo Congresso dos EUA em 1985. Mas o prazo do ano 2000 já passou e nossa nação não fez progresso mensurável em direção à meta de se tornar "a primeira do mundo em matemática e Educação Científica."
>
> Em comparações internacionais, o desempenho geral em matemática e ciências **de nossos alunos é medíocre**. O Terceiro Estudo Internacional de Matemática e Ciências (TIMSS) de 1995 mostrou que nossos alunos da 3ª e 4ª séries pontuaram acima da média internacional, mas nossos **alunos da 12ª série pontuaram bem abaixo**. Os resultados do TIMSS-*Repeat* divulgados em 2000 não mostram melhora significativa.[66] (Tradução e destaque nosso) (SUTTON; KRUEGER, 2002, p. i.)

---

[65] *Escritório de Pesquisa e Aperfeiçoamento Educacional.*
[66] *Many good intentions have gone into ambitious education reform goals, including those ratified by the U.S. Congress in 1985. But the year 2000 deadline has passed, and our nation has not made measurable progress toward the goal of becoming "first in the world in mathematics and science education."*
In international comparisons, our students' overall mathematics and science achievement is mediocre. The Third International Mathematics and Science Study (TIMSS) from 1995 showed our 3rd- and 4th-graders scoring above

Daí então, várias tentativas de aprimorar o sistema dominante foram desenvolvidas. Inclusive há correntes que colocam a problemática na esfera ética, como identificamos no seguinte posicionamento, *in litteris*:

Este artigo explora a ética do professor de matemática, partindo das obrigações éticas que todos os seres humanos e profissionais compartilham para com aqueles sob seus cuidados. Mais notavelmente, isso envolve um dever de cuidar dos alunos, uma vez que os professores podem ser as pessoas mais influentes depois de seus pais. A ética do ensino da matemática é analisada no que diz respeito aos objetivos da matemática escolar, à seleção da pedagogia e à seleção do conteúdo. A igualdade de tratamento de todos os alunos também é um princípio central, embora existam dilemas éticos colocados pela dispersão dos níveis de aproveitamento em matemática.

O próprio conteúdo ético da matemática escolar também é considerado, embora seja uma questão controversa. O artigo observa que a tendência moderna é que os professores sejam **vistos quase como técnicos que ministram o currículo de matemática** decidido centralmente. Este artigo argumenta que os **professores têm um arbítrio ético que pode e ainda deve ser exercido no cumprimento de obrigações profissionais e institucionais**.[67] (Tradução e destaque nosso) (ERNEST, 2019)

Entretanto, como particularizado antes, a relevância legal e jurídica corrobora com a acepção ética de forma incisiva e determinante. Mesmo porque o professor, como assinalado acima nunca será um técnico que ministra currículo/conteúdo matemático; *par excellence*, o professor de matemática é essencialmente um educador. Nessa condição, a sua função primordial é educar, nunca a de *técnico repassador* de conteúdo teórico. Ernest ainda vai condicionar que, enquanto educador:

---

the international average but our 12th-graders scoring well below. The TIMSS-Repeat results released in 2000 do not show significant improvement.

[67] This paper explores the ethics of the mathematics teacher, starting from the ethical obligations that all human being and professionals share towards those in their care. Most notably this involves a duty of care for students, since teachers can be the most influential persons after their parents. The ethics of mathematics teaching is analyzed as concerning the aims of school mathematics, the selection of pedagogy, and the selection of content. The equal treatment of all students is also a central principle, although there are ethical dilemmas posed by the spread of achievement levels in mathematics.

The ethical content of school mathematics itself is also considered, although this is a controversial issue. The paper notes that the modern tendency is for teachers to be viewed almost as technicians delivering the centrally decided mathematics curriculum. This paper argues that teachers have ethical agency which can and should still be exercised while meeting professional and institutional obligations.

[...] um professor de matemática tem responsabilidades adicionais específicas devido à natureza particular de seu trabalho de ensinar matemática aos alunos. São eles: (1) **Tratar os alunos com cuidado e respeito**, (2) Ensinar matemática de maneira eficaz **que beneficie os alunos**, (3) Estar envolvido com a profissão e manter-se **atualizado com pesquisas e desenvolvimentos**, e manter seu **próprio interesse** e **entusiasmo**. Por que um professor de matemática tem essas responsabilidades? Elas decorrem das responsabilidades que todos os profissionais aceitam voluntariamente ao se tornarem profissionais. Ou seja, desempenhar seus deveres profissionais da melhor maneira possível, inclusive respeitando os clientes, praticando bem sua profissão e valorizando sua profissão como um todo.[68] (Tradução e destaque nosso) (*Ibda.*, p. 81.)

Ainda com *Ernest*, recebemos o ensinamento que

Para os **Educadores Públicos**, o principal objetivo é o **empoderamento dos alunos como cidadãos críticos e alfabetizados matematicamente na sociedade**. Mais uma vez, trata-se de objetivos muito valiosos, bons tanto para os indivíduos quanto para a sociedade, uma vez que **a promoção da democracia e da justiça social são bens éticos**. No entanto, existe o perigo de que as necessidades dos indivíduos se tornem secundárias em relação aos objetivos sociais e de que a educação se torne politizada demais. A **politização da educação cria conflito social** e abre as portas para posteriores oscilações na orientação política para doutrinas ideológicas ou reacionárias. Além dos objetivos do educador público, os **alunos precisam**

desenvolver seus próprios interesses e talentos individuais, bem

---

[68] *[...] a mathematics teacher has specific additional responsibilities because of the particular nature of their job of teaching mathematics to students. These are: (1) To treat students with care and respect, (2) To teach mathematics in an effective way that benefits the students, (3) To be engaged with the profession and keep up to date with research and developments, and to maintain their own interest and enthusiasm. Why does a mathematics teacher have these responsibilities? They follow from the responsibilities all professionals accept voluntarily in becoming a professional. That is, to carry out their professional duties to the best of their abilities, including respecting clients, practicing their profession well, and enhancing their profession overall.*

como se preparar para os exames, pelos motivos discutidos acima. Nos países desenvolvidos, há pouca ou nenhuma evidência do sucesso dos programas de Educadores Públicos em matemática escolar, especialmente porque nenhum desse tipo foi testado em larga escala. Onde eles tiveram sucesso foi em programas de educação de adultos de segunda chance (*Apud* Frankenstein, 1989[69]).[70] (Tradução e destaque nosso) (*Ibda.*, p. 85-86.)

Então a razão da Educação Básica reside na geração de proficiência social, *in casu* nas matemáticas, menos num manejo técnico-científico[71], que infelizmente predomina, não só no Brasil, como em todas as escolas públicas privadas do planeta. O problema tornou-se tão grave que há mais de década, a UNESCO luta contra esse terrível vício. Ao contexto, é relevante lembrar mais esta preciosa lição de *Ernest*:

No entanto, deve-se reconhecer que apenas os Educadores Públicos oferecem um conjunto de **objetivos para a matemática escolar com uma dimensão ética explícita**. Usar a matemática como um veículo para levantar questões éticas em sala de aula, incluindo **justiça social** para humanos, cuidado com o **bem-estar animal** e cuidado com a terra e o **meio ambiente** só pode ser bom. Usar **exemplos do mundo real** dessas áreas como fonte de problemas e aplicativos de modelagem não apenas ajuda a desenvolver habilidades, conceitos e estratégias do aluno, mas também motiva a resolução de problemas. A inclusão de questões éticas no currículo de matemática dessa maneira fornece ao professor de matemática um recurso adicional. Assim, os benefícios vão além de simplesmente adicionar ética ao currículo, eles estimulam o estudo e ajudam a **desenvolver os**

---

[69] *Frankenstein, M. (1989). Relearning mathematics. London: Free Press.*

[70] *For Public Educators, the main goal is the empowerment of learners as critical and mathematically literate citizens in society. Again these are very worthwhile aims which are good both for individuals and for society, since the promotion of democracy and social justice are ethical goods. However, there is a danger that the needs of individuals become secondary to social goals, and for education to become too politicised. The politicisation of education creates social conflict and opens the door to subsequent swings in the political orientation towards ideological or reactionary doctrines. In addition to the public educator goals, students need to develop their own individual interests and talents, as well as preparing for examinations, for the reasons discussed above. In developed countries there is little or no evidence of the success of Public Educator programmes in school mathematics, especially since none of this type have been tested on a large scale. Where they have been successful is in second chance adult education programmes (Frankenstein, 1989).*

[71] Quando não usado como preparo para vestibular, ENEM ou outro tipo de concurso público.

alunos como seres humanos equilibrados e completos.[72] (Tradução e destaque nosso) (*Ibda.*, p. 86.)

A completude matemática coaduna com a completude da formação dos alunos. Matemática não é um complexo asno ou esquisitice das ciências, sem embargo é a mais importante ferramenta para a qualificação social e o resguardo da cidadania e da eficiência. A proficiência matemática para o exercício desses direitos é o único objetivo de um professor de matemática. E para isso não há necessidade de obrigar nenhum aluno ou estudante, a adquirir essa proficiência; qualquer deles ambiciona galgar essa proficiência por iniciativa própria, tanto quanto o fizeram até o término do Fundamental I. Mas se assim, não o fizerem não assiste direito, muito menos ainda dever ao professor de matemática, obrigar um aluno abstinente a realizar esse direito, porquanto exercício da cidadania e o profissional não se classifica como *direito-dever*[73] e se pode a qualquer tempo abdicar.

- **Síndrome da Prova Escrita**

Um dos paradigmas mais controverso e danoso na Educação Matemática é a *prova escrita*. Ela tão somente mensura a capacidade de memorização de conteúdo no aluno ou estudante. Já é consenso internacional, que a avaliação na Educação deve mensurar a proficiência, a compreensão e a habilidade do alunou estudante. Enquanto que a capacidade de memorização vai decair a partir dos 30 anos, até ruir drasticamente com o avanço da idade, em especial nos casos de *Alzheimer* em idosos; no tempo em que a proficiência e a compreensão, mesmo nos idosos, a tendência é encontrar-se altos níveis com o passar dos tempos. (HESS, 2005; SMITH; NEWBERRY; BAILEY, 2020)

Porquanto, avaliar a capacidade de memorizar conteúdo do aluno é absolutamente irrelevante para restabelecer mensurações de uma avaliação educacional. Especialmente quando a única consequência lógica da memorização é justamente o esquecimento, antes mesmo de sua depredação ao lapso temporal. Na prática, para

---

[72] *However, it must be acknowledged that only the Public Educators offer a set of aims for school mathematics with an explicit ethical dimension. Using mathematics as a vehicle for raising ethical issues in the classroom, including social justice for humans, care for animal welfare and care for the earth and the environment can only be good thing. Using real world examples from such areas as a source of problems and modelling applications not only helps to develop student skills, concepts and strategies, but also motivates problem solving. Including ethical issues in the mathematics curriculum in this way provides the mathematics teacher with an additional asset. Thus the benefits go beyond merely adding ethics to the curriculum, they both enliven study and help to develop students as balanced and rounded human beings.*

[73] *Direito que não se pode renunciar ou dispor de sua titularidade (e.g. votar, educação, saúde, bem de família, etc.), em razão dessa matéria de direito ser de ordem pública (que reflete a supremacia do interesse público sobre o interesse privado).*

a *prova escrita*, o aluno decora na tarde ou na noite anterior e na manhã seguinte submete-se à avaliação e na tarde do mesmo dia, não raro já esqueceu quase todo o conteúdo, até mesmo como reação à peremptória e impertinente imposição da memorização absolutamente ineficiente com instrumento de avaliação.

Entretanto, a *prova escrita* poderia servir a uma única mensuração: a da habilidade e proficiência didático-pedagógica do docente, constatável até mesmo na média (aritméticas simples) das notas aplicadas aos alunos no período; mesmo a questão da rejeição do docente por parte dos alunos, considera-se um frágil argumento contra, posto que essa está intimamente associada àquela. Docente com excelente habilidade e proficiência didático-pedagógica incertamente é rejeitado.

✓ Paradigmas Didático-pedagógicos

Num estudo especial sobre a aplicação de *prova escrita*, o Prof. *Maha Azmi Dandis* (*Al-Quds University*, Palestina), constatou com professores de matemática do ensino médio de escolas públicas de Granada (Espanha), que

> Pode-se afirmar que a **prova "tradicional"**, em matemática, **não fornece uma medida válida da capacidade do aluno**, devido a questões relacionadas a diferenças individuais entre os alunos, domínio do conteúdo e a recente ênfase na avaliação de habilidades significativamente contextualizadas e processos cognitivos. Portanto, **é necessário incorporar métodos alternativos de avaliação** que sejam capazes de avaliar efetivamente a gama de habilidades matemáticas dos alunos.[74] (Tradução e destaque nosso) (DANDIS, 2013)

Essa questão não é nova, longe disso, muito vetusta é a teimosia de se apegar a um método altamente ineficiente para o objetivo a que se presta: avaliação do nível de compreensão, de proficiência e de habilidades do aluno. Desde 1989 o Conselho Nacional dos Professores de Matemática (*National Council of Teachers of Mathematics* - NCTM, USA), já entendeu a abrangência dessa inconveniência, como se toma da seguinte exortação, quando assim se pronunciou:

---

[74] *Given issues related to differences in learner characteristics, effective sampling across the content domain and recent emphases on assessing meaningfully contextualized abilities and higher-order cognitive processes, the 'traditional' mathematics test arguably does not provide a valid measure of student ability. Consequently, there is a need to incorporate alternative methods of assessment that are able to effectively assess the range of students mathematical abilities.*

As recomendações do **Conselho Nacional de Professores de Matemática** (NCTM) de **1989** sobre Currículo e Padrões de Avaliação para Matemática Escolar provocaram mudanças nos livros didáticos, no ensino e nos **testes de matemática**. Embora a educação matemática tradicional enfatize a memorização de fatos e a aplicação fluente de procedimentos, os Padrões exigem não apenas **fluência com fatos e habilidades**, mas também **raciocínio matemático sofisticado** e **solução de problemas**. Espera-se que os alunos apliquem procedimentos matemáticos, bem como compreendam matemática conceitos.[75] (Tradução e destaque nosso) **(KANTROV, 2000, p. 1)**

O mais interessante é que o dito conselho, já no ano 2000, assevera que:

Os **currículos de matemática** criados para refletir essas recomendações — muitas vezes chamados de currículos baseados em padrões — parecem bem diferentes dos livros didáticos de matemática tradicionais. Eles tendem a integrar vários tópicos ou habilidades matemáticas em uma aula, **estender as aulas por vários períodos de aula** e **incorporar o domínio e a prática de habilidades** em outras atividades. Eles pedem que os **alunos trabalhem juntos** para investigar problemas, **usem objetos concretos para modelar situações matemáticas e expliquem suas ideias matemáticas** na fala e na escrita.[76] (Tradução e destaque nosso) (*Ibda.*)

Daí se toma que a avaliação **obrigatoriamente** terá que **mensurar o** nível de incorporar o

---

[75] *The recommendations of the National Council of Teachers of Mathematics (NCTM) 1989 Curriculum and Evaluation Standards for School Mathematics have prompted changes in mathematics textbooks, teaching, and testing. While traditional mathematics education has emphasized memorization of facts and fluent application of procedures, the Standards call not only for fluency with facts and skills but also for sophisticated mathematical reasoning and problem solving. Stu-dents are expected to apply mathematical procedures as well as to understand mathematical concepts.*

[76] *The mathematics curricula created to reflect these recommendations — often called Standards-based curricula — look quite different from traditional mathematics textbooks. They tend to integrate several mathematics topics or skills in one lesson, extend lessons over several class periods, and embed skill mastery and practice within other activities. They call for students to work together to investigate problems, use concrete objects to model mathematical situations, and explain their mathematical ideas in speech and writing.*

domínio **e da** prática de habilidades **em outras atividades, bem como o de** interação entre alunos, **o de** uso de objetos concretos para modelagem **de situações matemáticas e o de manejo em fala e escrita para que** expliquem ideias matemáticas. **Isso é fenomenal, traduz a exigência atual de ensino para a proficiência e a compreensão, assim como também o anseio da Sociedade ante o nível de** *educação e formação* **dos cidadãos após concluírem o** Ensino Básico. **Quando uma** *prova escrita* **estará em condições de avaliar o nível de todo esse conjunto de conhecimentos, habilidades, proficiência e compreensão?**

Realmente, a *prova escrita* é extremamente pobre de recursos para avaliar uma disciplina de extrema importância para o desenvolvimento das nações, isso vemos aqui constatado pelos ditos seguintes

> Na resolução de problemas matemáticos, o trabalho escrito dos alunos **revela principalmente suas habilidades com algoritmos matemáticos** e tem **muito pouca informação sobre suas habilidades de raciocínio** no processo de resolução de problemas.[77] (Tradução e destaque nosso) (LEE; LIM; LEONG, 2020, p. 239)

Imaginemos agora, se um motorista de ônibus, um piloto de avião comercial ou um cirurgião cardíaco fosse avaliado exclusivamente por *prova escrita*. Mesmo que esses profissionais obtivessem a nota 10 com louvor em todas as avaliações por *provas escritas* a que forem submetidos em toda a sua formação, indubitavelmente jamais teriam a habilidade, proficiência e expertise mínima para a condução de um ônibus, de um avião comercial (ou de qualquer espécie) ou uma cirurgia qualquer. Seria um crime aterrador habilitar mesmo que somente um desses profissionais em suas respectivas profissões. Em contrário, no Ensino Básico isso é inconcebivelmente, até louvável. Não é de estranhar o fracasso total da Educação em todas as suas esferas nos países que adotam com única forma de avaliação a *prova escrita*.

✓ Professor ou aluno não são problema

Anote-se que no Brasil o leque de avaliações é surpreendentemente amplo, mas tão somente a *prova escrita* é aplicada. Por mais que o Legislador e o Poder Executivo insistam por mudanças drásticas nas avaliações, na base, a *prova escrita* sempre vence, mesmo causando danos incomensuráveis e irreparáveis à juventude brasileira (veja o subtópico As dificuldades no ensino). Há décadas que o Brasil perde várias gerações de jovens para o crime organizado, que são vítimas da

---

[77] *In mathematical problem solving, students' written work mostly reveals their mathematical algorithm skills and has very little information about their reasoning skills of the problem solving process.*

prova escrita e por isso são forçados a abandonar a escola, para se tornarem *'nem-nem'*[78]. Mesmo essa dolorosa calamidade não impressiona os defensores da *prova escrita*, que não é obrigatória e muito menos ainda recomendada.

E o erro não está nos professores ou nos alunos, mas no tipo de avaliação (*prova escrita*) aplicado, que não se presta para o objetivo incitado. Em aplicar outros tipos de avaliação exigidos por lei, a qualidade dos nossos professores e alunos forçosamente há de exsurgir nos resultados das novas avaliações.

✓ Estatuto Jurídico

Toda avaliação tanto quando o ato de educar e (a maioria dos) de ensinar são atos de Estado[79]. Na avaliação o professor ou o docente **não possuem** liberdade didático-pedagógica indiscriminada, devem sempre agir *secundum legem*[80], mesmo porque pode causar prejuízo ao cidadão e nesse nível, responde por eventuais danos causados por avaliação indevida. Nesse particular, o Estado responde pelo dano causado, mas está facultado ao Estado, ao final da ação de indenização por danos, responsabilizar o agente público ou delegado para assumir o dano.

Inicialmente, precisamos constatar que a legislação brasileira corrobora com os avançados Paradigmas Didático-pedagógicos referidos anteriormente. Isso vamos demonstrar a seguir.

Mas antes vamos verificar se consta na Constituição Federal que o ato de educar seria um ato de Estado. A confirmação dessa premissa encontramos no art. 205 da Carta Magna, conforme se constata a seguir:

> *Art. 205. A **educação**, direito de todos e **dever do Estado** e da família, será promovida e incentivada com a colaboração da sociedade, **visando** ao pleno desenvolvimento da pessoa, seu preparo para o **exercício da cidadania** e sua **qualificação para o trabalho**. (BRASIL, 1988)*

---

[78] Nem escola e nem trabalho.
[79] Equivalente ao *Hoheitsakt* (art. 33, inc. 4, da Lei Fundamental alemã) em alemão, exercido em nome do Estado por funcionários públicos ou delegados, em todas as obrigações e deveres do Estado.
[80] Agir estritamente conforme determina a lei.

Aqui não só comprovamos que o ato de educar é um ato de Estado (ou dever do Estado), mas também que o objetivo do ato de educar se configura como: exercício da cidadania e a sua qualificação para o trabalho. Porquanto a avaliação dos efeitos e resultados do ato de educar é também, por via de consequência, um ato de Estado, mesmo porque o fruto do ato de educar passará a ser um bem do cidadão[81] advindo da ação do Estado no cumprimento do seu dever constitucional.

Nesse particular cabe questionar se o preparo para o vestibular e para o ENEM seria também uma obrigação do Estado, portanto componente obrigatória do ato de educar. Para tanto necessário se faz tomar vista na lei (Lei de Diretrizes e Base da Educação Nacional — n.º 9.394/1996 — LDBE) que regulamente o acima referido art. 205 da Constituição Federal (BRASIL, 1988), que nos revela o seguinte:

> **Art. 1º A educação abrange os processos formativos que se desenvolvem na vida familiar, na convivência humana, no trabalho, nas instituições de ensino e pesquisa, nos movimentos sociais e organizações da sociedade civil e nas manifestações culturais.**
>
> [...]
>
> Art. 22 A educação básica tem por **finalidades** desenvolver o educando, assegurar-lhe a formação comum indispensável para o **exercício da cidadania** e fornecer-lhe meios para progredir no **trabalho** e em **estudos posteriores.**
>
> [...]
>
> Art. 24 A **educação básica**, nos níveis fundamental e médio, será organizada de acordo com as seguintes regras comuns:
>
> [...]
>
> V - a **verificação do rendimento escolar** observará os seguintes critérios:
>
> a) avaliação contínua e cumulativa do desempenho do aluno, com prevalência dos aspectos qualitativos sobre os quantitativos e dos resultados ao longo do período sobre os de eventuais provas finais;
>
> b) possibilidade de **aceleração de estudos** para alunos com atraso escolar;
>
> c) possibilidade de **avanço nos cursos** e nas séries mediante verificação do aprendizado;
>
> d) **aproveitamento** de estudos concluídos com êxito;
>
> e) **obrigatoriedade** de estudos de **recuperação**, de preferência paralelos ao período letivo, para os casos de **baixo rendimento**

---

[81] Bem reconhecido, ao final do curso pelo competente certificado de conclusão de curso ou etapa educacional e/ou histórico escolar.

escolar, a serem disciplinados pelas instituições de ensino em seus regimentos; (BRASIL, 1996)

Inicialmente, constamos que a Lei n.º 9.394/1996, em seu artigo 22 vai confirmar o *mandamus* constitucional, qual seja a ato de educar é um ato de Estado. Entretanto esse artigo agrega um novo destino para o ato de educar, qual seja para *'progredir em estudos posteriores'*. Por demais o artigo 1.º da mesma Lei alarga o ato de educar para *'processos formativos'*, que se alargaria a qualquer tipo de formação educacional ou profissional, como o ensino profissional. Com isso a LDBE vai ocasionar a invocação do instituto do costume *preaeter legem*[82], que encomprida a interpretação do conceito de educar no Brasil e se tornará qualquer tipo de formação (superior, profissional, especialização, militar, especial, etc.), no mínimo, próxima à qualidade jurídica de um ato de Estado.

Decididamente, a Lei de Diretrizes e Base da Educação Nacional (LDBE) vai, de forma fulminante, eliminar qualquer possibilidade de uma reprovação com fundamento em *prova escrita*, mesmo sendo essa uma prova final. E isso é o que se colhe da leitura do inciso V do art. 24 da LDBE, (BRASIL, 1996), que alça os seguintes critérios da *verificação do rendimento escolar* na Educação Básica, qual seja com a avaliação:

 a) avaliação contínua e cumulativa do desempenho do aluno, e
 b) prevalência dos aspectos qualitativos sobre os quantitativos e
 c) prevalência dos resultados ao longo do período sobre os de eventuais provas finais.

Na alínea *'a'*, verificamos os critérios da continuidade e da cumulatividade. Isso enfraquece enormemente o sistema de notas parciais e nota final, mas nesse momento a depaupera, mas não a destitui formalmente. Já a alínea *'b'* vai impor a qualitatividade (natureza) sobre a quantitatividade (cardinalidade). Já a alínea *'c'* fere mortalmente o sistema de notas parciais e nota final, já que uma nota '10' ao longo do período, prevalecerá sobre a final, mesmo que essa seja inferior.

✓ Impossibilidade de reprovação

A *prova escrita* do aspecto didático-pedagógico e, profundamente com esteio no suporte legal, não pode ser fundamento para uma reprovação aplicada em todo o processo educacional brasileiro, que se possa conjugar com o ato de educar, com maior propriedade ainda enquanto ato de Estado.

---

[82] Diz-se do costume que não está previsto em Lei, mas não é proibido por Lei.

A alínea *e*, do inciso V do art. 24 da aqui tratada LDBE (BRASIL, 1996) ao normalizar e exigir o instituto do avanço e aproveitamento de estudos, com maior singularidade e monta o da recuperação, inabilita qualquer reprovação, sobremaneira na Educação Básica, com menor propriedade ainda, reprimenda sustentada em resultados colhidos por *prova escrita*. Toda reprovação com fundamento em *prova escrita* é nula de pleno direito, por ilegalidade e ilegitimidade, ademais configura matéria de ordem pública[83]. O instrumento da recuperação além de forte conteúdo socioeconômico, representa um relevante engenho para o resguardo de recursos públicos justo perante a escassez desses na Educação, mas *par excellence*, para resguardar o cidadão de eventual declívio social, *e.g.* ao *status* de *'nem-nem'*.

Facit: a prova escrita não é uma avaliação ilegal, mas ilegítima para alicerçar a **reprovação** *ou* **desclassificação** *de aluno ou estudante no* **ato de educar** *enquanto* **ato de Estado**. *Isso significa que as escolas e instituições de educação pública e privada não podem reprovar ou desclassificar alunos e estudantes apenas com fundamento em avaliações por prova escrita, sob pena de responderem por eventuais danos.*

✓ Alternativas

Na apreciação da amplitude da avaliação do rendimento escolar dos alunos, remetemos ao subtítulo Estatuto Jurídico que já discutiu os princípios e fundamentos legais desse instrumento da Educação Básica. Aqui gostaríamos de rememorar os dispositivos que expandem as possibilidades e variedades de avaliação nesse ambiente educacional.

---

[83] [...] "relações que transcendam a esfera de interesses dos sujeitos privados, disciplinando relações que os envolvam, mas fazendo-o com atenção ao interesse da sociedade, como um todo, ou ao interesse público." (DINAMARCO, Candido Rangel. Instituições de direito processual civil. 4. Ed. ver. Atual. São Paulo: Malheiros. 2004, v. I, p. 69-70)

Numa reanálise do art. 24 da Lei magistral da Educação Brasileira (LDBE) encontramos os seguintes preceitos legais:

> **Art. 24. A educação básica, nos níveis fundamental e médio, será organizada de acordo com as seguintes regras comuns:**
> [...]
> II - a **classificação** em qualquer série ou etapa, exceto a primeira do ensino fundamental, **pode ser feita**:
> a) por promoção, para alunos que cursaram, com **aproveitamento**, a série ou fase anterior, na própria escola;
> [...]
> c) independentemente de escolarização anterior, mediante avaliação feita pela escola, que defina o **grau de desenvolvimento e experiência do candidato** e permita sua inscrição na série ou etapa adequada, conforme regulamentação do respectivo sistema de ensino;
> [...]
> V - a **verificação do rendimento escolar** observará os seguintes critérios:
> a) avaliação **contínua** e **cumulativa** do desempenho do aluno, com **prevalência** dos aspectos **qualitativos** sobre os **quantitativos** e dos resultados ao **longo do período** sobre os de eventuais **provas finais**; (BRASIL, 1996)

O art. 24 supracitado abre margem em seu inciso II, alínea '*a*', à classificação na Educação Básica, para a aplicação do instituto do aproveitamento, do grau de desenvolvimento e de experiência (alínea '*c*'). Ora, na questão do aproveitamento destaque-se que se trata de um instituto bem amplo e se estende a qualquer experiência ou desenvolvimento realizados em séries anteriores, desde que na mesma escola. Assim resta cristalino que ao professor é facultado inovar na ação de avaliar e por aproveitamento, melhorar a classificação do aluno a qualquer tempo. A questão do aproveitamento é bem mais complexa, mas que foge ao atual objetivo, entrar em mais detalhes, mas o aproveitamento atinge até mesmo atividades extracurriculares realizadas em séries anteriores, quando os alunos mostram bom desempenho no âmbito de ferramentas matemáticas que só serão vistas em séries posteriores.

Por outro lado, a questão do grau de desenvolvimento e experiência, *per se*, já é um fator de enorme melhora na qualidade avaliatória do docente. Não raro os mestres em sala de aula vislumbram com enorme nitidez elevados graus de desenvolvimento e experiência de alguns alunos, que não se evidenciam nas avaliações convencionais. Por conseguinte, o legislador desabrocha valioso processo de avaliação para que o professor possa inovar e privilegiar os alunos, ao mesmo tempo que eleva o grau de justeza e precisão nos procedimentos de avaliação do rendimento escolar. Dessa forma, à luz do art. 24, II, *c* da LDBE, o professor tem a obrigação legal de justapor a *verificação do rendimento escolar* do aluno ao rendimento de desenvolvimento e experiência constatado de forma contínua.

Outrossim, a alínea '*a*' do inciso V, como antes já visto, reafirma as qualidades da prevalência dos aspectos qualitativos sobre os quantitativos e dos resultados ao longo do período sobre os de eventuais provas finais, obviamente de igual forma se aplicam aos institutos acima pormenorizados.

Todas essas considerações são importantes para um melhor entendimento da amplitude do processo avaliatório do rendimento escolar na Educação Básica. De toda maneira, a *prova escrita* não é a única técnica de avaliação, **mas é a única que *per se*, não pode reprovar, desclassificar e com menor propriedade ainda, excluir da Educação Básica.**

O instituto da avaliação do rendimento escolar está previsto no art. 35-A da acima abordada Lei orgânica da Educação no Brasil, a chamada Lei de Diretrizes e Base da Educação Nacional — n.º 9.394/1996 — (LDBE), como abaixo se toma:

Art. 35-A. A Base Nacional Comum Curricular definirá direitos e objetivos de aprendizagem do ensino médio, conforme diretrizes do Conselho Nacional de Educação, nas seguintes áreas do conhecimento: (Incluído pela Lei nº 13.415, de 2017)

[...]

§ 6º A União estabelecerá os **padrões de desempenho esperados** para o ensino médio, que serão referência nos processos nacionais de avaliação, a partir da Base Nacional Comum Curricular. (Incluído pela Lei nº 13.415, de 2017)

[...]

§ 8º Os conteúdos, as metodologias e as **formas de avaliação processual** e **formativa** serão organizados nas redes de ensino por meio de **atividades teóricas** e **práticas**, **provas orais** e **escritas**, **seminários**, **projetos** e **atividades on-line**, de tal forma que ao final do ensino médio **o educando demonstre**: (Incluído pela Lei nº 13.415, de 2017)

I - **domínio dos princípios científicos e tecnológicos** que presidem a **produção moderna**; (Incluído pela Lei nº 13.415, de 2017) **(BRASIL, 1996)**

Para melhor manejo da amplitude da avaliação prevista em lei, a maior parte dos Institutos Federais incluem em seu respectivo **Regulamento de Organização Didática (ROD)** um elenco de variedades, como aqui exemplificado á luz do Regulamento do IFCE[84], *ad litteram*:

> **Art. 94. Os processos, instrumentos, critérios e valores de avaliação adotados pelo professor deverão ser explicitados aos estudantes no início do período letivo, quando da apresentação do PUD, observadas as normas dispostas neste documento.**
>
> § 1.º As avaliações devem ter caráter diagnóstico, formativo, contínuo e processual, podendo constar de:
>
> I. observação diária dos estudantes pelos professores, durante a aplicação de suas diversas atividades;
>
> II. exercícios;
>
> III. trabalhos individuais e/ou coletivos;
>
> IV. fichas de observações;
>
> V. relatórios;
>
> VI. autoavaliação;
>
> VII. provas escritas com ou sem consulta;
>
> VIII. provas práticas e provas orais;
>
> IX. seminários;
>
> X. projetos interdisciplinares;
>
> XI. resolução de exercícios;
>
> XII. planejamento e execução de experimentos ou projetos;
>
> XIII. relatórios referentes a trabalhos, experimentos ou visitas técnicas;
>
> XIV. realização de eventos ou atividades abertas à comunidade;

---

84 Fonte: *https://ifce.edu.br/espaco-estudante/regulamento-de-ordem-didatica/arquivos/Rod_atualizado1.pdf*

XV. autoavaliação descritiva e outros instrumentos de avaliação considerando o seu caráter progressivo.

Pelo visto o leque é muito amplo e não menciona nenhum grau de qualidade ou quantidade, privilégio, preponderância entre os recursos de avaliação listados, motivo pelo qual todas possuem igual peso de importância e validade, desde que atenda à completude de exigência constitucional, qual seja avaliação alusiva ao objeto da Educação Básica: *visando ao pleno desenvolvimento da pessoa, seu preparo para o exercício da cidadania e sua qualificação para o trabalho* (art. 205 da Constituição Federal).

Por demais não delega o direito à escolha da ferramenta a ser aplicada, pelo que se conclui que a escolha seja em comum acordo entre aluno e professor. À essa conclusão somos obrigados a chegar pelo que rege o Princípio da Legalidade no ambiente administrativo, conforme nos ensina o douto jurista Vladimir França, *in verbis*:

> O princípio da legalidade administrativa determina, portanto, que os administrados somente poderão ser obrigados a fazer (ou proibidos de não fazer) ou deixar de fazer (ou proibidos de fazer) junto à Administração Pública, sem seu consentimento, caso lei adequada assim o determine.
>
> [...]
>
> Em face disso, à luz do direito fundamental de liberdade, **o administrado tem a permissão de fazer e de não fazer algo,** quando a lei não es-**tatui qualquer obrigação ou proibição** em torno dessa conduta. Em contrapartida, ainda sob o prisma do direito fundamental de liberdade, a **Administração Pública** somente tem **legitimidade para fazer aquilo que a lei lhe permitir,** ainda que essa permissão simplesmente decorra de obrigação ou proibição que a lei lhe imponha. [Destaque nosso] (FRANÇA, 2014, p. 10 e 12)

Aplicando a hermenêutica jurídica para o presente caso, o administrado (aluno) só é proibido de fazer (escolher a ferramenta de avaliação a ser aplicada) *caso lei adequada assim o determine*. Já a Administração Pública (professor, enquanto preposto ou em função delegada[85]) somente tem legitimidade para fazer aquilo que a lei lhe permitir (escolher a ferramenta de avaliação a ser aplicada). Nessa matéria, alguém pode recorrer a *princípio didático-pedagógico* para conferir somente ao professor a escolha do recurso a ser

aplicado, todavia no Estado de Direito, nenhum desses princípios subjuga a lei. Decididamente o professor é uma autoridade e deve ser sempre respeitado, mas em matéria didático-pedagógica a autoridade do professor esbarra da liberdade do aluno de aprender.

Destarte, é importante anotar que a escolha do método de avaliação acima citado, ao exemplo do IFCE, atendendo ao princípio de que servidor público age sempre conforme a lei (*secundum legem*) não é exclusiva do professor, posto que a LDBE não especifica isso expressamente, porquanto há de se assentar que a escolha do método de avaliação seja feita em comum acordo entre aluno e docente. E isso é inteligível também pelo fato que na Constituição Federal não existe definição de quem escolhe o método dentre a amplitude de ferramentas de avaliação admitidas em lei. Enfim, dada a já mencionada liberdade de aprender insculpida no inciso II do art. 206 da Constituição Federal (BRASIL, 1988), bem como ser de excelente estratégia didático-pedagógica, é de extrema magnitude que a ferramenta de avaliação aplicada seja de escolha do aluno. Esse comportamento contribui por demais para um melhor entendimento e relacionamento entre docente e discente, enriquecendo a produção didático-pedagógico, bem como elevando a qualidade e a excelência do processo educacional aplicado. Tendo o direito à escolha, certamente o aluno desenvolverá maior nível de motivação, invenção e criatividade, melhorando consideravelmente o seu rendimento.

Facit: o **cidadão** pode fazer tudo aquilo que a <u>lei expressamente não proíbe</u>, já o **servidor público** só pode fazer ou deixar de fazer aquilo que <u>a lei expressamente impõe</u>.

---

[85] A função delegada ocorre quando um professor atua em instituição particular de ensino.

✓ Avaliação: escolha do aluno

Atribuir a escolha da modalidade de avaliação ao aluno não fere a autonomia do professor nem qualquer princípio didático-pedagógico. De outro modo, nas modalidades observação diária, trabalhos individuais e/ou coletivos, relatórios, autoavaliação, seminários, projetos interdisciplinares, planejamento e execução de experimentos ou projetos, relatórios referentes a trabalhos, experimentos ou visitas técnicas, realização de eventos ou atividades abertas à comunidade, o professor terá enorme influência sobre os alunos, tanto no aspecto da escolha da temática, como da configuração e dimensão dos respectivos objetos.

A interação entre essas classes de avaliação, por iniciativa própria, o aluno consegue facilmente e com entusiasmo elevar a profundidade de suas habilidades, compreensão e proficiência, melhor ainda, de forma autônoma e por auto estudo.

Indiscutivelmente, é extremamente relevante que, na Educação Básica, os discentes obtenham o direito a elegera modalidade de avaliação de sua preferência e que se adapte melhor ao seu estilo de aprendizado e à sua forma de locução e que

melhor reflita o seu conhecimento. Nesse mister, vale lembrar o fato recorrente de que alguns alunos podem ter dificuldades com a escrita, mas demonstram grandes e excepcionais habilidades na apresentação oral. Neste caso, a escolha da avaliação por apresentação oral permitirá que o aluno mostre o seu real potencial e não seja prejudicado por suas dificuldades com a escrita.

Ademais, senhoreando o aluno a escolha da modalidade de avaliação certamente resulta no aumento de sua subjetividade, talvez nas modalidades de instigação, encorajamento, estimulo, impulso, ânimo e envolvimento com o projeto didático-pedagógico aplicado. Em o aluno lograr a possibilidade de assinalar a forma como será avaliado, obviamente se sentirá mais empoderado e responsável pela sua própria formação, quando avigorará para garantir que o aluno tenha uma avaliação justa e que possa mostrar o seu real potencial.

As opções, em relação à *prova escrita*, são extremamente benéficas e inovadoras. No exemplo da apresentação oral que permite aos alunos ostentar seus conhecimentos de maneira mais dinâmica, diligente, proativa, eficiente, desenvolta e interativa, vislumbra-se uma profundidade fidelidade, precisão e completude do processo avaliatório. Os trabalhos em grupo são úteis para avaliar habilidades sociais e de colaboração, além de desenvolver a capacidade de se comunicar e trabalhar em equipe. Os projetos interdisciplinares se mostram como opção inovadora de avaliação que envolve a aplicação de conhecimentos de várias disciplinas em um único projeto. Estas avaliações são úteis para avaliar habilidades de pensamento crítico, criatividade e capacidade de resolução de problemas. Já as avaliações práticas melhor se prestam para verificar as habilidades dos alunos em situação real, como a realização de experimentos em laboratório ou a construção de projetos práticos.

À giza de conclusão, considere-se que a escolha da modalidade de avaliação é fundamental para garantir ao aluno justeza e a excelência do processo de avaliação e que possa revelar o seu real potencial, competência, aptidão, habilidade, qualidade, talento, inteligência, perícia, maestria e proficiência. Em contrário, a *prova escrita* só resolve a capacidade de **memorização de conteúdo**, que logo será desfeita ao lapso temporal pelo esquecimento.

4   Nova Matemática

> O poder motivador da invenção matemática não é o raciocínio, mas a imaginação.[86]
>
> *Augustus de Morgan*

ndiscutivelmente, as Matemáticas necessitam urgentemente de uma renovação intrínseca e extensa, antes que as populações vindouras percam o interesse mais importante de suas existências, qual seja a solução de forma notável e à qualidade da completude, da eficiência, da precisão e da exatidão, no mínimo, da excelência. Para a efetivação dessa idealização, propomos a renovação através de algumas mudanças e inovações na Educação Matemática.

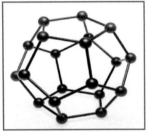

Figura 19: Dodecaedro. (Fonte: Internet. Domínio Público).

- **Pensar matemático**

Nos ensina os matemáticos norte-americanos *Edward B. Burger e Michael Starbird*, que

O dodecaedro (um sólido regular de 12 lados) representa o pensamento matemático. Mantendo **perspectivas matemáticas**, podemos ver e entender nosso mundo com maior clareza - seja **natureza**, **arte**, **música**, **avanços tecnológicos** ou **ideias antigas**. A matemática está ao nosso redor e se adotarmos uma **mentalidade matemática**, podemos ver **tudo de uma maneira mais nítida e focada**.[87] [Tradução e destaque nosso] (BURGER; STARBIRD, 2010, p. IV)

Já noutro momento, os mesmos autores vão discernir que

A maioria das pessoas não tem uma imagem precisa da matemática. Para muitos, a matemática é a tortura de testes, traba-

lhos
de casa e

---

[86] *The moving power of mathematical invention is not reasoning but imagination.* [Tradução nossa] *(apud Alexander Soifer, in Mathematics as Problem Solving)*

[87] *The dodecahedron (a 12-sided regular solid) represents mathematical thinking. By holding mathematical perspectives, we can see and understand our world with greater clarity - whether it is nature, art, music, technological advances, or ancient ideas. Mathematics is all around us and if we embrace a mathematical mind set, we can see everything in a sharper, more focused way.*

problemas, problemas, problemas. A própria palavra problemas sugere desagrado e ansiedade. Mas a matemática não é "problemas".

Algumas pessoas veem a matemática como um conjunto de fórmulas a serem aplicadas a uma lista de problemas em finais dos capítulos dos livros didáticos. **Jogue essa ideia no lixo.** Fórmulas em álgebra, trigonometria e cálculo são incrivelmente úteis. Mas, neste livro, você verá que a matemática é uma **rede de ideias intrigantes** - não uma lista seca e formal de técnicas.[88] [Tradução e destaque nosso] (*Ibda.*, p. XI)

À giza de mostrar o poder das Matemáticas na nossa vida, enquanto pensamento matemático, esses norte-americanos vão reconhecer que:

As matemáticas usam **técnicas penetrantes de pensamento** que todos nós podemos usar para resolver problemas, analisar situações e **aprimorar a maneira como vemos nosso mundo**. Este livro enfatiza **estratégias básicas de pensamento e análise**. Essas estratégias têm seu maior valor para nós ao **lidar com decisões e situações da vida real** que estão completamente fora da matemática. Essas "lições de vida", inspiradas pelo **pensamento matemático**, nos capacitam a lidar e **vencer melhor os problemas e questões** que todos enfrentamos em nossas vidas – do amor aos negócios, da arte à política. Se você pode conquistar o infinito e a quarta dimensão, então o que você não pode fazer?[89] [Tradução e destaque nosso] (Ibda., p. XI)

---

[88] *Most people do not have an accurate picture of mathematics. For many, mathematics is the torture of tests, homework, and problems, problems, problems. The very word problems suggests unpleasantness and anxiety. But mathematics is not "problems".*
Some people view mathematics as a set of formulas to be applied to a list of problems at the ends of textbook chapters. Toss that idea into the trash. Formulas in algebra, trigonometry, and calculus are incredibly useful. But, in this book, you will see that mathematics is a network of intriguing ideas — not a dry, formal list of techniques.
[89] *Mathematics uses penetrating techniques of thought that we can all use to solve problems, analyze situations, and sharpen the way we look at our world. This book emphasizes basic strategies of thought and analysis. These strategies have their greatest value to us in dealing with real-life decisions and situations that are completely outside mathematics. These "life lessons," inspired by mathematical thinking, empower us to better grapple with*

Como descrito, o pensamento matemático é tudo o que importa nas Matemáticas, nunca a memorização de conteúdo. No manejo das matemáticas só preciso compreender. Nunca se deve esquecer que as Matemáticas envolvem pensamento lógico e criativo.

Se é para memorizar, então não pertence às Matemáticas.

Há dois tipos de matemáticos que se diferenciam pela linearidade do seu pensar, em especial em relação à sua relação com a expressão linguística. Há os que só pensam dentro da linearidade, sempre em busca da linearidade, qual seja da função primitiva, *e.g.* por meio da derivação, para estear todos os fenômenos matemáticos. Representantes do grupo poder-se-ia apontar: *Platão, Pitágoras, Euclides, Isaac Newton* e um avantajado número dos matemáticos contemporâneos.

Figura 20: Pensar Linear. Fonte: internet. Modificação nossa.

Enquanto que aqueles que pensam dentro de uma complexidade alargada, tentam sempre encontrar, ao emprego do pensamento matemático, uma lógica matemática no mundo real, que explique os fenômenos do universo em que vivemos. Aqui podemos apontar como pertencente a esse último grupo: *Aristóteles, Galilei, Fourier, René Descartes, Benedictus de Spinoza, Gottfried W. Leibniz, Leonhard P. Euler, Carl F. Gauß, Niels H. Abel, Carl G. J. Jacobi, Évariste Galois), Felix Ch. Klein, Max Planck, Albert Einstein* e *Stephen W. Hawking.* Com o advento da Modernidade e a instalação da Matemática nas universidades, o pensar matemático foi perdendo em complexidade para abraçar quase por inteiro a linearidade no pensar, afastando-se enormemente da prática e da realidade.

✓ Pensar Linear

Quando falamos do Pensar Linear estamos tratando de uma relação com as matemáticas, em especial na expressão linguística, e de buscar a função primitiva para explicar as fenomenologias das questões Matemáticas, dentro das perspectivas linguísticas da matemática (teoremas, regras, etc.). Nesse mister, a solução para

---

and conquer the problems and issues that we all face in our lives -from love to business, from art to politics. If you can conquer infinity and the fourth dimension, then what can't you do?

muitos problemas matemáticos perpassa a derivação. Essa postura é muito importante para a solução de problemas, quando a solução depender de uma expressão linguística a ser desenvolvida ou representada. Um matemático com esse tipo de pensar vê a realidade pela enfoque das linguagens matemáticas, quando deveria se utilizar das linguagens unicamente para uma possível representação semântica ou respectiva modelagem. Daí cognoscível, que se possa emparelhar uma falsa intuição da realidade por nivelar as Matemáticas a uma ou a um conjunto de linguagens ou expressões linguísticas. A partir dessa imponderada premissa se tenta demonstrar (ou até supostamente provar) novos conhecimentos e saberes ao uso exclusivo da semântica e da sintaxe das linguagens matemáticas, o que obviamente e não raro pode levar a absurdos e a teratologias. Um exemplo imódico dessas circunstâncias é a controvertida e intricada condição espaço-tempo, que possivelmente só encontrará intelecção terminativa no ambiente empírico ou no experimental. *Einstein* muito tentou pelas linguagens, mas somente no experimento com o *eclipse solar* que galgou validação para seus cálculos anteriores.

Os absurdos e as teratologias em representações e expressões linguísticas já engendradas exclusivamente sob a contemplação linguística, passam geralmente desapercebidas pela comunidade matemática, justo por geradas em ambientes de inovações e de matemática avançada, que ostentam alta complexidade dessas expressões, momento em que se tornam ininteligíveis para a generalidade dos matemáticos. Assim, não é atingível encontrar a acepção de toda esse tipo de produção linguísticas construídas por *experts* das mais avançadas áreas das Matemáticas. Dessa forma esse grupo majoritário de matemáticos estão excluídos do exercício de uma eventual crítica ou contestação. Um exemplo bem representativo dessa corrente é a Álgebra Abstrata que obteve nos últimos tempos uma evolução gigantesca e excepcional em seu potencial linguístico, só acessível a grupo extremamente castiço.

Figura 21: Pensar Complexo. Fonte: Internet. Modificação nossa.

✓ Pensar Complexo

Se a abordagem do problema exige sofisticação para analisar complexidades e a interconexões dos sistemas e fenômenos do mundo real, que não permitam vislumbrar o mundo como uma série de problemas isolados, então se faz necessário abandonar a linearidade para abraçar o pensar complexo, assim facilmente se alcança o objetivo de compreender a interação de vários fatores da realidade em análise.

A importância da conduta pela perspectiva complexa se entende pela plasticidade e emaranhados de diversos problemas da vida real, como também pela ininteligibilidade da maioria dos fenômenos da natureza, do ser humano e da sociedade moderna. Maleabilidade, algumas vezes também resiliência de alguns problemas, exigem uma visão ampla, permeável e de relevante capilaridade, que permita uma análise requintada, otimizada e por demais acurada; *e.g.*, podemos tomar a última pandemia por *Covid-19*, as aterradoras mudanças climáticas que assolam todo o planeta, bem como outras de menor porte como a alargada expressão da pobreza em grande parte do hemisfério sul. Esses castigos da humanidade não possuem causa única, linear e de desintrincada constituição.

Na prática o Pensar Complexo exige contemporizar algumas inerentes particularidades como

    a) estudar o problema das mais diversas perspectivas, mesmo as exageradamente no mínimo, inusitadas;

    b) inferir a interação dos diversos fatores a contribuírem para a constituição e desenvoltura do problema;

    c) ponderar as decorrências a longo prazo de eventuais soluções;

    d) cogitar eventuais mudanças a qualquer tempo, mesmo que contrarie posturas e opiniões já assumidas, restando plena abertura para convicções e ideias novas, ao surgir de novas evidências, dados ou informações;

    e) interagir com outras pessoas e coletividades para perceber outras concepções, perspectivas, probabilidades, possibilidades, viabilidades e abordagens.

Decididamente o pensar complexo caracteriza o instrumento mais precioso na solução de imbróglios, contrariedades e dos mais distintos reveses. Todavia, pensar complexo retrata um desafio e provocação, em si mesmo. Nesse talhe,

⁜ Tempo é senhor de si próprio: não se pode medir tempo e recursos para entender a complexidade profundidade do transtorno estudado, mesmo quando a sociedade urge por solução;

⁜ Comunicação não se deixa simplificar: por mais que se tente, raro é o momento que a comunicação flui em horizontalidade suficientemente clara e efetiva que possa satisfazer os interessados e lhe proporcionar placitude;

⁜ Alheamento: essa manifestação é quase constante e em diversos momentos, quando o tom é o errar, vagar, dispersar-se, desvanecer, perder-se e até mesmo se aninhar na desesperança;

⁜ Simplicidade à Complexidade: pensar complexo possui quase a vocação para o devaneio reducionistas e a propensão de contentar-se com remédios simplistas e frívolos para empecilhos complexos.

⁜ Depressão: não raro o pesquisadores e estudiosos são assolados pela chamada 'depressão de pesquisador'.

A despeito dessas incongruências, as Matemáticas carecem do Pensar Complexo; do qual em nenhuma situação podem prescindir, sem que sofra ciclópico desfortúnio, por restarem desprovidas e não mais capacitadas a manejar a compreensão, a matematização e a resolução de contrariedades e poréns, que cinjam múltiplas grandezas e interligações complexas, mesmo na análise de equações diferenciais, equações algébricas, teoria dos números, geometria e bem mais outras inúmeras áreas das Matemáticas.

À práxis, Pensar Complexo vai lidar com cenários e ambientes bem adversos e de articulações nas qualidades de Multidisciplinaridade, de Pluridisciplinaridade, de Interdisciplinaridade e de Transdisciplinaridade, exaurindo as mais diversas possibilidades e habilidades de produção de conhecimentos matemáticos, estruturantes e científicos. Ante esses avantajados, relevantes e extraordinários *summits*, urge o indicativo de espécimes e protótipos de operacionalização do Pensar Complexo nas Matemáticas, conforme abaixo asseverado:

- ⊣ Interligação: engajar-se em cooperações e interações com outros matemáticos e especialistas de diferentes áreas para compreender a fenomenologia e essência entre distintos fatores e dimensões, na busca de critérios, parâmetros, discernimentos, críticas e contextos que facilitem a modelagem e a consequente matematização dos objetos investigados.
- ⊣ Multidisciplinaridade: Realizar oportunidades, ocasiões, ensejos para o confronto de conhecimento matemático em projetos e colaborações multidisciplinaridade, de pluridisciplinaridade, de interdisciplinaridade e de transdisciplinaridade, ao intuito de maximizar o universo das perquirições em eficiência, em excelência e em completude.

+ Matemática Avançada: Envolver-se com conceitos e conhecimentos das matemáticas avançadas, da Filosofia e História da Matemática, da MetaMatemática, da Ontologia, da Metafísica, da Estética e da Fenomenologia.

+ Inusitado: conjecturar desenlace, aplicações e perquirições sobre a decifração, a explicação, a elucidação por ferramentas Matemáticas em obstáculos, revés, objeções, transtornos, complicações de áreas inusitadas como Filosofia, Direito, Educação, Psicologia, Ciência Política, Teologia, Robótica e Inteligência Artificial.

+ Completude: açodar, empreender e efetivar a abrangência das Matemáticas sobre toda a realidade física e transcendental.

No item *Inusitado* acima descrito foi colocado a Teologia como possível ambiente de inquirição com Matemática. Isso não deve causar estranhez a ninguém. O entrosamento da Teologia com a Matemática advém de milênios e já iniciado na Babilônia e no Egito Antigo, quando a Matemática também era um instrumento de *comunicação com divindades*, ao uso e domínio por sacerdotes e monges. Na Idade Média o filósofo holandês *Spinoza* tentou com muita proficuidade explicar a laboração de Deus por meio da Geometria, dentro de uma convivência entre o divino e o material. Todavia, surgiu na Alemanha, mais recentemente um interessante trabalho da matemática e teóloga alemã *Susanne Tepel* (de *Tübingen*) sobre o título *"A lógica encontra os logotipos. A matemática como ferramenta inspiradora no trabalho pastoral"*[90], que já de início, à descrição, se constata:

Matemática: matéria **odiada** ou **grande amor**? Com a ajuda da lógica formal, a teóloga e matemática *Susanne Tepel* busca uma **forma de pastoral fundamentável**. Um modelo matemático serve de inspiração: a matemática como **ferramenta criativa** da teologia. [Tradução e destaque nosso] (TEPEL, 2022)

Nesse trabalho a escritora alemã constata que a matemática se mostra como uma ferramenta inspiradora para o ministério pastoral, quando opera a lógica formal do polímata *George Spencer-Brown* como inspiração para uma pastoral justificável e fundamentável. Na sua Lógica das Formas, o matemático britânico *Spencer-Brown* se baseia na ideia de distinção e de designação. Reputando-se que a Bíblia está cheia de discernimentos em relação de correspondência e reciprocidade, como entre *céu* e *terra*, *dia* e *noite*, *masculino* e *feminino*, assim pode-

---

[90] *Logik trifft Logos. Mathematik als inspirierendes Werkzeug in der Pastoral.*

se arrematar que essas diferenciações também facultam a representação pela notação do inglês *Spencer-Brown*, particularmente sob a forma de reentrada (*Re-entry-Form*), que mostra a dinâmica de distinção e conexão. Essa concepção lógica pode ser aplicada ao suposto relacionamento entre Deus e os humanos. O pensamento da teóloga e matemática *Tepel* inteira que comunicar o evangelho é um evento de relacionamento no qual deve haver uma passagem de fronteiras entre Deus e o homem. Nesse sentido, a matemática serve como ferramenta para melhor perceber e promover a relação entre Deus e o homem. Não se trata de tornar Deus calculável, mas a matemática serve de inspiração para compreender e moldar a relação. (*Ibda.*)

Não só por esse singular exemplo é atingível constatar que o Pensar Complexo leva o matemático à postura de ver a realidade e os seus fenômenos como se apresentam, estudando então a complexidade presente na questão, em busca de encontrar a(s) linearidade(s) que possibilite(m) uma modelagem matemática do problema real. Um matemático com esse tipo de pensar observa a realidade e seus fenômenos na perspectiva da lógica matemática, perpassando uma sistemática analítica, para encontrar a(s) ferramenta(s) matemática(s) mais adequada(s) para solucionar o problema real, mesmo os transcendentais (subjetivos).

> *O pensar complexo nos autoriza afirmar: no universo físico e transcendental nada pode evitar a matematização.*

O pensar a ser adotado pela renovação aqui proposta é o Pensar Complexo em toda a extensão da Educação Básica e o decorrer da preparação do professor de matemática (curso de licenciatura). Entretanto, ciência não é ciência se adota dogmas, porquanto o pensar linear certamente terá uso súpero nos cursos de bacharelado e de pós-graduação (inclusive para professores da Educação Básica), para oferecer a esse público a possibilidade de conhecer essa condição com um mínimo de profundidade. Com isso, habilitam-se a decidir com maior propriedade sobre a importância, serventia e aplicações das duas valorosas áreas de pensar matemático.

- **Compreensão**

As Matemáticas indiscutivelmente assumem importância fundamental na formação e na concretização profissional e social do cidadão. A prestabilidade dessas relevantes disciplinas na Educação Básica e na Formação Superior, vai acometer diversas áreas da vida, desde a mais simples contagem de objetos e de pecúnias até os mais complexos empregos do cálculo na tecnologia e em estudos avançados. Nessa trilha, a formação matemática do cidadão reclama por compreensão dos conceitos matemáticos e domínio com apropriação proficiente sobre a aplicação dos

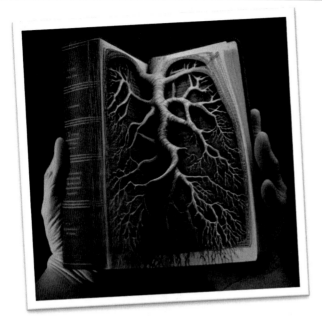

apetrechos de forma eficiente. O estudar e o aprender as Matemáticas com compreensão, amplificam incrivelmente as chances de retenção e aplicação dos conhecimentos. Similarmente, o estudo das Matemáticas com compreensão também desenvolve habilidades relevantes, contribuindo para a construção de proficiência e de pensamento lógico e criativo.

Compreensão em matemática irradia a habilidade de alcançar o significado detrás dos conceitos, das noções, das imagens, das representações, das abstrações, e das caracterizações. Essa contextualidade ocasionará a aplicação de feitio proficiente e eficaz em cenários concretos. Saber assenhorar-se das Matemáticas para resolver problemas e compreender sua relevância na vida cotidiana, embasa uma formação de excelência.

A carência de compreensão Educação Matemática é um problema comum entre os estudantes e pode ser causada por uma variedade de fatores, como a falta de prática, ensinamento superficial e falta de conexão prática entre conceitos e engenhos. Muitos alunos e estudantes se sentem desmotivados com a formação matemática porque apenas aprendem fórmulas e conceitos sem entender, conquanto na obrigação de memorizar performances ininteligíveis, a despeito da importância e relevância dessas performances para toda a vida do cidadão. Para mais, suprimida a compreensão na Educação Matemática, o conhecimento adquirido propende ao vertiginoso esquecimento. Dessarte, se faz primacial que os professores de matemática ao exercer a docência nessa intrigante disciplina, enfoquem uma didática que habilite os alunos e estudantes na compreensão, acareada com o cotidiano no mundo real.

✓ Ensinar com Compreensão

O magistério em Matemática decididamente impõe o esteio em reveses e em situações reais que oportunize aos estudantes a estabelecer conexões entre conceitos e aplicações à estratégia de proficiência, mestria e perícia. Nesse momento, se faz necessário que o docente faculte elucidação clara, cristalina e concisa dos engenhos matemáticos, sempre em concomitância com aplicações no cotidiano dos alunos. Ainda, deve-se atentar que completude de conteúdo e ensinamentos não aproveitará ao processo, em contrário quanto mais farto o ensinamento, menor o aquirimento do discentes.[91]

---

[91] À giza de exemplo tome-se a Educação Sexual para criança em idade tenra: quanto mais completude em informações, menor o nível de aproveitamento por parte das crianças, quando é recomendado restringir-se a responder eventuais perguntas formuladas. Nesses casos o método singapuriano de Ensino da Matemática nos revela que o sucesso no Ensino das Matemáticas se funda no princípio: se deve

Evidentemente que o uso de ferramentas visuais, como gráficos e modelos, também pode ajudar a melhorar a compreensão dos alunos e estudantes. Aqui vale lembrar a ferramenta GeoGebra, que vem prestando relevante proficuidade à Educação Matemática em inimaginável dimensão.

*Desenvolver **erudição linguística não é tencionado na Educação Básica**, não obstante fomentar os estudantes no talento de perguntar, perquirir, interpelar, questionar, criticar, demandar, sondar, auscultar, analisar, devassar, enfim saciar curiosidades de toda arte, é a vereda a ser perseguida em busca de apoderar-se da compreensão.*

Ensinar no íntimo, da prática ou mais sensato, no Laboratório de Matemática é o artifício mais apropriado e eficiente para Ensinar com Compreensão. O envolvimento com a prática eleva extraordinariamente o nível e facilidade de compreensão dos conceitos matemáticos.

O método a ser utilizado é simples e de fácil manejo. Basta rastrear uma dúvida, ambiguidade, improbabilidade ou obscuridade que assole como problemática, desdém ou mazela na esfera de sala de aula, da escola, do bairro ou de uma cidade e adotar o problema, que será solucionado pelos alunos em 3 etapas:

a) Cognição: estudo e aprofundamento nas características e implicações do problema escolhido;

b) Design: definição e escolha do objeto central e dos critérios mais relevantes do impasse;

c) Ação: delinear e aplicar a ferramenta matemática mais apropriada para a solução da penúria.

O professor pode propor aos alunos deste um problema que afete o bolso dos jovens (aumento da passagem de ônibus ou da taxa de inflação) até a uma questão que maltrate a população em geral (segurança, saúde, transporte ou corrupção). Evidentemente que a matematização de qualquer um desses exemplos vai atrair o uso de diversas ferramentas matemáticas, que muitas vezes ainda não são conheci-

---

ensinar pouco conteúdo, mas com profundidade e com aplicações práticas. Nesse ponto, deve-se ressaltar que a 'lista de exercícios' dos livros didáticos, por motivos óbvios, não se prestam como aplicações práticas.

das pelos alunos. Mas, aqui é o momento de fomentar o auto estudo, que nitidamente é mais benfazejo que a instrução convencional.

O método interativo, dividindo a 'classe' em grupos pequenos, mesmo em áreas das matemáticas ainda não conhecidas pelos alunos, pode ocasionar benesse bem elevada. Nessa trilha, o aluno sente-se empoderado e envaidecido por cada novo conhecimento atinado e pode potenciar sua curiosidade por novos conhecimentos, desenvolvendo autonomia em instruir-se, qualidade essa extremamente salutar para o desenvolvimento do aluno.[92] O desenvolvimento da autonomia em instruir-se redunda no propósito fundante do chamado Método Finlandês, quando o aluno assume alto nível de protagonismo (em até 80%) e o docente, no máximo, 20%. Como já mencionado, esse método praticado à forma de pequenos grupos, talvez seja mais vantajoso que na versão individual.

> *Não preciso **ensinar tudo**, aluno com autonomia em instruir-se, são bem mais proficientes e engajados.*

Quiçá seja o mais sedutor espécime de incremento da autonomia em instruir-se, bem como uma abordagem sobejamente inovadora para a Educação, o precioso Trabalhar com Projeto de escolha do aluno, que certamente vai bulicionar e agitar as mais inusitadas temáticas, mas com descomunal potencial motivador.

Essa abordagem assaz inovadora para a educação e que vai permitir aos alunos a escolha do objeto em que ensejam trabalhar, atendendo seus interesses e suas aspirações, bem como prestar relevância no cotidiano e imaginário do aluno, do lado avesso do rigor curricular compulsório. Possui ocorrência nas versões individual ou em grupo e pode envolver uma ampla gama de assuntos, desde ciência, tecnologia, engenharia e matemática até artes, literatura e humanidades.

A encadeação de proveitos a que se vincula o projeto de escolha do aluno ostenta um distender valioso; abaixo alguns dos priorizados:

+ permitir que explorem suas paixões e interesses,
+ ajudar a desenvolver sua identidade e autoconfiança,
+ pode levar a um maior aprendizado,
+ erigir uma compreensão mais profunda dos assuntos,
+ ajudar a desenvolver habilidades valiosas,
+ incentivar a colaboração,
+ desenvolver o pensamento crítico,
+ melhorar a comunicação,

---

[92] *Évaristr Galois* e *Carl Friedrich Gauß* iniciaram-se na autonomia em instruir-se já aos 9 anos de idade.

→ esmerar as competências sociais.

---

*Trabalhar com **Projeto de escolha do aluno**, é a inovação mais poderosa e pertinente na substituição da abjurada resolução de problemas.*

O projeto de escolha do aluno propõe-se como uma instrumental inestimável para contribuir e induzir que alunos transmudem para mais engajados e dedicados ao seu próprio aprendizado, assumindo assim protagonismo e responsabilidade. Entretanto, implementar esse projeto requer planejamento e preparação, como

→ fornecer uma ampla gama de opções de projetos para escolha dos alunos, incluindo opções que abrangem uma variedade de assuntos e níveis de dificuldade, evitando sugestões que envolvam projetos de alta complexidade ou polêmicas;

→ abastecer os alunos com orientação e suporte[93] durante o processo de desenvolvimento do projeto, incluindo ajuda com pesquisa, planejamento e apresentação final;

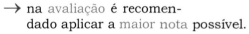

→ aprovisionar os alunos com feedback e avaliação sobre seus projetos, a fim de incentivar o crescimento e o desenvolvimento contínuo;

→ na avaliação é recomendado aplicar a maior nota possível.

✓ **Importância da Compreensão**

Essencialmente, atente-se que o sucesso do aluno em sua futura carreira acadêmica, profissional e social se sujeita ao nível e à qualidade da compreensão em Matemática galgada no Ensino Básico. Outrossim, o desenvolvimento de habilidades e competências significantes, como desenvoltura na lógica, pensamento crítico e resolução de problemas, por mais simples que sejam, estão intimamente ligados com uma compreensão em Matemática e a essa diretamente proporcional. Em outro momento deve-se ressaltar que a compreensão em matemática também eleva a autoestima dos alunos e eleva sua confiança em suas habilidades e competências matemáticas, resultando em especial importância para aqueles que nutrem medo ou desânimo nas matemáticas.

Nessa conjuntura não se pode deslembrar a relevância da colaboração como destacado e nítido fator para a excelência da compreensão da matemática. Quando

---

[93] Nesse mister, o professor pode recorrer a pessoas com maestria e especialização no assunto, mesmo estranhas à escola ou entre 'amigos da escola' e pais de alunos.

os alunos se empenham em grupo para resolver problemas, desenvolver projeto ou atividades, eles têm a oportunidade de explicar conceitos uns aos outros, ajudando-os a compreender melhor a matéria analisada. Ademais, a coparticipação estimula o diálogo, a interação, o confronto e a troca de ideias, o que pode levar a soluções mais criativas e inovadoras, embora revele-se como um processo mais moroso, porém mais eficiente e consistente.

Infelizmente, a generalidade dos alunos é levada a memorizar conteúdos matemáticos, fato esse que pode prejudicar sua compreensão e aplicação dos conceitos. O desmazelo maior é estudar apenas para decorar fórmulas e teoremas, sem compreender sua lógica e aplicabilidade. Doutra forma, é não treinar ao uso da ferramenta no cotidiano e em situações práticas, o que impede o desenvolvimento de habilidades e proficiências importantes para a resolução de problemas. Ademais, relevante número de alunos estuda de forma isolada, sem buscar ajuda ou discutir questões com colegas e professores. Isso pode impedir a compreensão de conceitos mais complexos e dificultar a resolução de dilemas.

Lista de exercícios dos livros didáticos não se confundem com **atividades práticas**.[94]

Na perspectiva do aprender com compreensão, realce a importância dos pais, familiares e tutores que podem efetivar uma tarefa importante no desenvolvimento da compreensão em matemática dos alunos, enquanto podem ajudar incentivando com perguntas e despertando o interesse em matemática, gerando ensejos para que eles apliquem seus conhecimentos em situações reais e oferecendo suporte e encorajamento à medida que necessário. A interação dos pais, familiares e tutores com o professor endossa o apanágio que o ensino esteja alinhado com as necessidades dos alunos e que a compreensão esteja sendo desenvolvida de maneira efetiva. Por mais, o envolvimento dos pais e familiares no processo de aprendizagem do aluno faz-se benéfico e auspicioso, com maior propriedade quando corrobora na realização de tarefas práticas de casa e estimulando a prática de habilidades matemáticas fora do ambiente escolar. No âmago, a colaboração entre pais, familiares e professores é substancial para asseverar que os alunos desenvolvam uma compreensão sólida e duradoura de matemática.

---

[94] A diferença está em jogar uma partida de futsal (atividade prática) contra exercitar-se com lista de exercícios com **situações hipotéticas** de regras e táticas de futsal; na primeira situação o aluno encharca a camisa e a bermuda, na segunda, no máximo, soa a testa.

Outro aspecto de enorme significância está na obrigatória abordagem multi-disciplinar que inclua a explicação clara de conceitos, a resolução de problemas, e a colaboração. Daí resulta o incessante tirocínio prático e estudo de forma interativa, buscar compreender a lógica por trás dos conceitos e fenômenos, evitar estudar de forma isolada.

✓ Princípio de Aprendizagem

Nos Estados Unidos o aprender com compreensão foi elevado a Princípio de Aprendizagem[95] na nova versão da Normas e Princípios para a Matemática Escolar[96] [Tradução nossa]. A situação pode ser pintada em curtas palavras da seguinte forma:

Embora aprender **matemática com compreensão** seja um objetivo instrucional importante para todos os alunos, as formas de prática matemática em **sala de aula** que promovem uma aprendizagem significativa **parecem desviar-se da norma**, pelo menos no ensino de matemática nos Estados Unidos (Hiebert at al., 2003; Manaster, 1998). Esse estado de coisas se deve em parte aos desafios que sur-

gem ao tentar tor-nar a **aprendiza-gem com compre-ensão** uma parte consistente das ex-periências mate-máticas cotidia-nas de todos os alunos.[97] [Tradu-ção e destaque nosso] (STYLIA-NIDES; STYLI-ANIDES, 2007b)

Esses empecilhos são conhecidos por quantos exercem o magistério em Ma-temática. A concepção da memorização e da configuração na qua-lidade aritmética quase impede uma visão mais avançada das Matemáticas, entre-tanto nos Estados Unidos, ainda se tenta encontra solução para o dilema, da forma como os *Stylianides* vai descrever:

---

[95] *Learning Principle.*
[96] *The Montana Mathematics Enthusiast, ISSN 1551-3440, Vol. 4, no.1, pp. 103-114 2007©The Montana Council of Teachers of Mathematics.*
[97] *While learning mathematics with understanding is an important instructional goal for all students, forms of classroom mathematics practice that foster meaningful learning seem to deviate from the norm, at least in US mathematics instruction (Hiebert at al., 2003; Manaster, 1998). This state of affairs is in part due to the challenges that arise from trying to make learning with understanding a consistent part of all students' everyday mathematical experiences.*

Uma maneira promissora de alavancar a ajuda aos alunos para **aprender matemática com compreensão** é equipar os professores com **materiais curriculares** (livros didáticos e edições para professores) que forneçam a eles a **orientação necessária**. Este argumento encontra apoio no grande corpo de pesquisa que sugere que a atividade matemática que ocorre nas salas de aula, incluindo as decisões dos professores sobre quais tarefas matemáticas implementar e como, são mediadas pelos materiais curriculares que eles usam (*Beaton et al., 1996 ; Burstein, 1993; Nathan et al., 2002; Porter, 1989; Remillard, 2000; Romberg, 1992; Schmidt et al., 1997; Stein et al., 1996; Zaslavsky, 2005*). Mas o design de materiais curriculares que podem ser usados pelos professores para envolver seus alunos na aprendizagem significativa **é um empreendimento complexo** e, portanto, a orientação que as estruturas curriculares (como os Padrões do NCTM) podem oferecer aos desenvolvedores de currículo sobre essa questão é crucial.[98] [Tradução e destaquei nosso] *(Ibda.)*

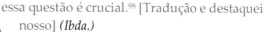

E a situação não só é complexa, como convulsiona todo um sistema rígido e inflexível de duradoiro, quase milenar. Nesse quadro nefasto, os estadunidenses nos parecem ter mais questões que soluções, como tomamos abaixo dos mesmos autores:

Algumas **questões que as estruturas curriculares precisam abordar em relação** à integração da compreensão em uma concepção coerente de aprendizagem matemática nos materiais curriculares escolares são as seguintes: **Qual** pode ser a **relação** entre conhecimento factual, facilidade processual e compreensão na aprendizagem matemática? **Qual** pode ser o **papel** da resolução de problemas, do raciocínio e da prova na aprendizagem da matemática com compreensão? **Qual** pode ser a **influência** do conhecimento prévio e das experiências dos alunos na aprendizagem com compreensão, e como

---

[98] *One promising way to gain leverage on helping students learn mathematics with understanding is to equip teachers with curriculum materials (student textbooks and teacher editions) that provide them with the necessary guidance. This argument finds support in the large body of research that suggests that the mathematical activity that takes place in classrooms, including teachers' decisions about what mathematics tasks to implement and how, are mediated through the curriculum materials they use (Beaton et al., 1996; Burstein, 1993; Nathan et al., 2002; Porter, 1989; Remillard, 2000; Romberg, 1992; Schmidt et al., 1997; Stein et al., 1996; Zaslavsky, 2005). But the design of curriculum materials that can be used by teachers to engage their students in meaningful learning is a complex endeavor and so the guidance that curriculum frameworks (such as the NCTM Standards) can offer to curriculum developers on this issue is crucial.*

isso pode ser abordado ou usado de forma eficaz pela instrução? **O que** pode **explicar** a **transferência de conhecimento** em algumas situações e o que pode inibir esse processo em outras? **Qual** pode ser o **papel** do contexto cultural mais amplo no qual a aprendizagem dos alunos se desenvolve e como isso pode se relacionar com fatores individuais e sociais? **Qual** pode ser a **relação** entre resultados de aprendizagem e métodos de ensino, e o que essa relação pode implicar para aprender matemática com compreensão?[99] [Tradução e destaquei nosso] *(Ibda.)*

Talvez não seja da melhor geometria polemizar a controversa, mas se encaminhar para soluções concretas e incisivas, coisa que nos parece estar ainda muito incipiente no hemisfério norte das Américas.

> *Em especial, urge que o professor em sala de aula assuma a* ***postura de unicamente ensinar com compreensão***.

E isso talvez seja o motivo dos norte-americanos ainda não tenham obtido sucesso nessa questão. Apesar da situação lastimosa na América do Norte, suas organizações matemáticas estão imbuídas dos mais sólidos argumentos e das melhores razões, quando soerguem o ensinar com compreensão ao estopo de Princípio de Aprendizagem.

* **Matematizar**

Na Nova Matemática o processo de Matematização[100] é a principal questão a ser tratada.

---

[99] *Some questions that curriculum frameworks need to address in regard to integrating understanding into a coherent conception of mathematics learning in school curriculum materials are the following: What might be the relationship among factual knowledge, procedural facility, and understanding in mathematical learning? What might be the role of problem solving and reasoning and proof in learning mathematics with understanding? What might be the influence of students' prior knowledge and experiences in learning with understanding, and how might these be addressed or used effectively by instruction? What might account for knowledge transfer in some situations and what might inhibit this process in others? What might be the role of the broader cultural context in which students' learning unfolds, and how might this relate to individual and social factors? What might be the relationship between learning outcomes and instructional methods, and what might this relationship imply for learning mathematics with understanding?*

[100] Também conhecido pelo termo modelagem matemática, que pelas controvérsias envolvidas com essa expressão, preferimos não adotar, mesmo porque o termo não é suficientemente amplo que englobe todo o significado, fenomenologia e expressão do processo de matematização, que está bem além de uma simples modelagem. Ademais, a modelagem é apenas uma das etapas da matematização.

A inteligência de matematização da realidade é uma das principais colunas dessa inovação matemática. Mas para melhor entender isso, é preciso primeiro saber do que se trata. Na lição de TIMMONS *et al.*, os seguintes dizeres:

Um **modelo** de um objeto **não é o próprio objeto**, mas uma **versão reduzida** do objeto real. Estamos todos familiarizados com modelos de aviões e carros. Arquitetos e engenheiros constroem modelo de edifícios ou de pontes antes de construir a estrutura real. As peças da máquina são modeladas por desenhistas e as enfermeiras aprendem anatomia a partir de modelos do corpo humano antes de trabalhar na coisa real. Todos os modelos têm duas características importantes. A primeira é que um modelo **conterá muitas características** do objeto real. A segunda é que um modelo pode ser facilmente **manipulado e estudado** para que possamos entender melhor o objeto real. De maneira semelhante, um **modelo matemático** é uma estrutura matemática que aproxima os **aspectos importantes de uma determinada situação**. Um modelo matemático pode ser **uma equação** ou um **conjunto de equações**, um **gráfico**, **tabela**, **gráfico** ou qualquer uma das várias outras estruturas matemáticas semelhantes.[101] [Tradução e destaque nosso] (TIMMONS; JOHNSON; MCCOOK, 2010)

O profissional nunca deve esquecer e sempre que se utilize da técnica de matematização em sala de aula, deve **obrigatoriamente** fazer notar aos estudantes e alunos que o modelo eventualmente utilizado, em relação ao objeto real

a) não é o próprio objeto;
b) é versão reduzida;
c) **conterá muitas** características;
d) **facilmente manipulável e estudado para** melhor entender os mecanismos e características;

---

[101] *A model of an object is not the object itself but is a scaled-down version of the actual object. We are all familiar with model airplanes and cars. Architects and engineers build model buildings or bridges before constructing the actual structure. Machine parts are modeled by draftspersons, and nurses learn anatomy from models of the human body before working on the real thing. All models have two important features. The first is that a model will contain many features of the real object. The second is that a model can be manipulated fairly easily and studied so that we can better understand the real object. In a similar way, a mathematical model is a mathematical structure that approximates the important aspects of a given situation. A mathematical model may be an equation or a set of equations, a graph, table, chart, or any of several other similar mathematical structures.*

e) aproxima os aspectos importantes de uma determinada situação e que

f) pode ser representado por uma equação ou um conjunto de equações, um gráfico, tabela, gráfico ou qualquer uma das várias outras estruturas matemáticas semelhantes.

Isso pode não parecer relevante, dada a suposta obviedade das situações, entretanto ao lidar com jovens, estamos desenvolvendo sua imaginação e espírito criativo, em especial em processos de matematização, o que é muito laudável. Mas, o importante é que todos os comprometidos com a análise ao modelo e daí na exigível conexão **objeto real** *vs* **modelo**, essas asseverações sempre estejam presentes em cada conjectura da matematização. Por outro lado, deve também ocorrer a consciência que qualquer modelo de objeto real possa receber representação matemática por equações, gráficos, tabelas, gráficos ou quaisquer outras estruturas matemáticas, possibilitando assim a respectiva análise e cálculo, mesmo se apresentando o objeto real como extremamente inusitado, subjetivo ou transcendental. Conforme a situação, a representação pode desenvolver-se ao uso de uma ou várias estruturas matemáticas simultaneamente.

Ainda na mira de TIMMONS *et al.*, constatamos que:

Figura 22: Mundo Real. Fonte: Internet. Modificação nossa.

O processo de **examinar uma determinada situação** ou problema do "mundo real" e, em seguida, **desenvolver uma equação, fórmula, tabela** ou **gráfico** que represente corretamente as **principais características da situação** é chamado de modelagem matemática. O que torna os problemas da "vida real" **tão difíceis de resolver** para a maioria das pessoas é que eles parecem simples na superfície, mas muitas vezes **são complicados com muitas variáveis possíveis.** Você tem que estudar o problema e então tentar conectar as informações fornecidas no problema ao seu conhecimento matemático e às suas habilidades de resolução de problemas. Para fazer isso, você precisa construir uma **imagem mental** do que está acontecendo em uma determinada situação. Essa imagem mental é o seu **modelo do problema.** No mundo real, a **construção e interpretação de modelos matemáticos** são dois dos usos mais importantes da matemática.[102] [Tradução e destaque nosso] (*Ibda.*)

---

[102] *The process of examining a given situation or "real-world" problem and then developing an equation, formula, table, or graph that correctly represents the main features of the situation is called mathematical modeling. The*

Evidentemente que concordamos com os autores no que toque a dificuldade de matematização do *mundo real*. também concordamos que esses problemas são muito complexos e apresentam inúmeras variáveis. Entretanto, não assentimos com o fato de que a construção de uma *imagem mental* possa facilitar o trabalho do matemático. Muito mais eficaz é a construção de um modelo, como descrito anteriormente, em especial com a assistência do GeoGebra ou *software* equivalente.

Para toda empresa e para a economia em geral, mais valia tem o profissional da **matematização***, que o do cálculo.*

A matematização do mundo real está sempre envolvida com características adversas e em presença de uma enormidade de variáveis. Entretanto, isso não necessita ser um contratempo para o processo de matematização, mas decididamente vai complicar extremamente o trabalho do profissional. A solução é simplificar, reduzir ou focar o problema. Sem dúvida, quanto mais simplificarmos, reduzirmos ou destacarmos, vamos também diminuir a qualidade e quantidade de soluções possíveis. E isso nem sempre é satisfatório, mas na história das Matemáticas os problemas do mundo real só foram matematizados com a eficiência exigida com essas 3 *nuances*: simplificação, redução e/ou destaque.

✓ Copa do Mundo

Tomando um exemplo da atualidade, destacamos os esforços do matemático *Joshua Adam Bull*, do Instituto de Matemática da Universidade de *Oxford* (Inglaterra) desenvolveu o projeto Um guia matemático para a Copa do Mundo 2022[103] [Tradução

Figura 23: Projeto Um guia matemático para a última Copa do Mundo. Fonte: Oxford University. Modificação nossa.

---

thing that makes "real-life" problems so difficult for most people to solve is that they appear to be simple on the surface, but are often complicated with many possible variables. You have to study the problem and then try to connect the information given in the problem to your mathematical knowledge and to your problem-solving skills. To do this, you have to build a mental picture of just what is going on in a given situation. This mental picture is your model of the problem. In the real world, construction and interpretation of mathematical models are two of the more important uses of mathematics.

[103] *A Mathematician's Guide to the World Cup.*

nossa] com o enfoque: *Podemos prever o vencedor?*[104] Aparentemente o foco é bem simples. (BULL, 2022) Vejamos então o resultado desse trabalho:

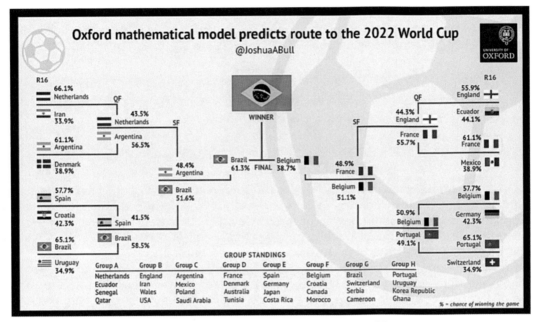

Figura 24: Resultado do estudo de Oxford. Fonte: *Oxford University*. Modificação nossa.

Naturalmente, que em *Oxford* também se trabalhou com as *nuances* de simplificação, redução ou destaque. Mas o Brasil foi eliminado nas oitavas de final. Os resultados não foram precisos, mas próximos à realidade. O que ocorreu?

Como todo problema da realidade, temos inúmeras variáveis, algumas previsíveis outras não.

> *As variáveis mais problemáticas são as subjetivas instantâneas.*

As variáveis subjetivas instantâneas podem mudar não apenas com o tempo, mas também com outras variáveis independentes. Entre essas variáveis independentes podemos identificar a variável emocional (subjetiva instantânea), que possui, em especial na prática do esporte, uma significância gigantesca e com poderio metamorfosear todas as previsões. Em geral, uma variável matemática instantânea é uma função que retorna o valor da variável para um dado conjunto de condições ou valores das variáveis independentes.

Nesse sentido, os titulares da Seleção Brasileira, já no início do certame indicava bastante dessas variáveis independentes, na qualidade *subjetiva instantânea*, como: a postura conhecida no esporte por *'salto alto'* com direito até mesmo a refeição com *'filé dourado'*, certeza de ser campeão, arrogância em demasia e um volume extraordinário de ciúmes entre as 'estrelas' da equipe. Todas essas variáveis

---

[104] *Can we predict the winner?*

subjetivas instantâneas influenciaram radicalmente no desempenho individual dos jogadores da *canarinha* e na estratégia da equipe. E esses estouvamentos são recorrentes na história última da *canarinha*, pelo que, em próximos estudos, forçosamente essas variáveis instantâneas deveriam receber ponderações incisivas no processo de matematização, por mais que se considere o inusitado *status* dessas variáveis para a analítica matemática convencional.

Figura 25: Jogadores da Seleção Brasileira 'abraçam-se'. Fonte: internet. [Modificação

Esse tipo de variável pela sua condição de instantânea, naturalmente não recebeu a atenção dos autores do estudo de *Oxford*, que pressupôs evidentemente que os jogadores brasileiros demonstrariam, a título de variáveis independentes, o máximo de garra, vontade, afinco, determinação, disposição, persistência e tenacidade. Mas todas essas qualidades predominantemente, só assistiram aos atletas das seleções finalistas. Entretanto na *canarinha*, o contrário ocorreu, como antes já descrito de forma concisa. Um exemplo dessas atitudes malignas, foi o a postura do jogador *Neymar* que demonstra claramente, no mínimo ojeriza em face do colega de Seleção *Richarlison*, ao aparentemente, não revidar ao gesto solidário do colega de profissão, como a foto ao lado insinua.

Uma outra variável instantânea foi a retirada do mesmo jogador *Richarlison* deste encontro no *segundo tempo*. Ora, a história da Seleção Brasileira de Futebol indica outros dois ensejos em que um jogador em ascensão é colocado em campo e o Brasil ganha a copa: *Pelé* na Suécia e o *Ronaldo* (o fenômeno) no México. Os dois tinham, ao tempo, apenas 17 anos e brilharam nas respectivas copas, inclusive considerados como 'fator decisivo' para o sucesso obtido pela Seleção Brasileira de então. No presente caso temos o jogador *Neymar* em declínio e pouco instigado e o jogador *Richarlison* em ascensão e extraordinariamente aguçado e afogueado, mas esse último foi bizarramente retirado do jogo.

Apesar disso, como já constatado, essas variáveis instantâneas não poderiam receber a atenção do Prof. *Bull* em seu estudo. Todavia a prática e hábitos táticos do então técnico da Seleção Brasileira de Futebol poderia sim ser objeto de uma equação diferencial nesse processo de matematização. E aqui ressalte-se o *poupar jogadores titulares* sob o custo de perder um jogo considerado como sem importância, já que a classificação do Brasil estava garantida (jogo contra Camarões). Uma outra tática, também ligada ao *poupar jogadores titulares estrelas* temos no primeiro tempo do jogo Brasil x Croácia. Nesse jogo, o Brasil praticamente administrou o primeiro tempo e só começou a jogar no segundo tempo da mesma partida. Essa não é uma variável instantânea, mas recorrente nas atitudes de vários técnicos da Seleção Brasileira, em especial em face do técnico em 2022.

Esse projeto precisa obviamente melhorar muito e apreciar na próxima Copa do Mundo a inclusão de novas equações diferenciais parciais para elevar a exatidão das previsões. Conquanto, o Prof. *Bull* e o Instituto de Matemática da Universidade de *Oxford* estão inteiramente de parabéns pela brilhante ideia, que mexeu com jovens, futebolistas e matemáticos do mundo inteiro, levantou os olhos da juventude para a Matemática, oferecendo um exemplo precioso de como entusiasmar os jovens com experimentos matemáticos inusitados. Esperamos que esse tipo de experimento se multiplique em todas as nações e até mesmo em competições nacionais e regionais.

Tristemente e em contraposição a essa postura da relação íntima entre as Matemáticas e o mundo real, vamos encontrar a chamada Matemática Moderna, como insculpidos nos escritos a seguir:

> A matemática moderna está preocupada principalmente com **sistemas axiomáticos** e **deduções formais** feitas dentro desses sistemas. Nesse sentido, consiste em jogos: O sistema axiomático define as **regras do jogo**, e então joga-se de acordo com essas regras. As regras **não precisam ter nenhuma relação óbvia com o mundo** em que vivemos.[105] [Tradução e destaque nosso] (WALLACE, 1984, p. VII.)

✓ Matematizar Agulha no palheiro

Em 2009 ocorreu um acidente com o voo AF447 da *Air France* com decolagem do Rio de Janeiro e destino a Paris, na França. Segundo o relatório final da BEA *(Bureau d'Enquêtes et d'Analyses pour la Sécurité de l'Aviation Civile[106])* o acidente foi descrito da seguinte forma:

> O Airbus A330-200, de matrícula F-GZCP, voo 447, partiu do aeroporto do Galeão, no Rio de Janeiro, em 31 de maio de 2009 às 22h29min com destino ao aeroporto *Charles de Gaulle*, em Paris, onde deveria chegar após 10 horas e 34 minutos de voo.
> O avião transportava 216 passageiros de 32 nacionalidades, 9 comissários de bordo e três pilotos, sendo um comandante e dois copilotos. O combustível a bordo da aeronave dava uma autonomia estimada superior a 11 horas e 30 minutos de voo.

---

[105] *Modern mathematics is primarily concerned with axiomatic systems and formal deductions made within these systems. In this sense, it consists of games: The axiomatic system defines the rules of the game, and one then plays according to these rules. The rules need not have any obvious relation to the world in which we live.*

[106] Bureau de Investigação e Análise de Segurança da Aviação Civil.

Durante o voo, o avião deveria passar pelo espaço aéreo controlado pelo Brasil, Senegal, Cabo Verde, Espanha (Ilhas Canárias), Marrocos, Espanha (Madrid) e França.

[omissis]

À **01h35min**, a tripulação confirmou ao controlador do Centro de Controle de Área Atlântico o recebimento de uma mensagem, tendo sido este o **último contato entre o controle de voo e a aeronave**. A tripulação deveria contatar o controle de Dakar antes de entrar em seu espaço aéreo, previsto para o ponto TASIL às 02h20min. [Tradução e destaque nosso] (BEA, 2012, p. 1)

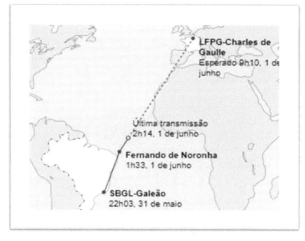

Figura 26: Rota do voo Air France 447

A situação do desaparecimento do avião da *Air France* está esquematizada na *Figura 26*.

Trajetória de voo aproximada do AF 447: A linha vermelha sólida mostra a rota real. A linha tracejada indica a rota planejada começando com a posição da última transmissão ouvida. Fonte: Voo Air France 447. (WIKIPÉDIA, 2022)

A primeira preocupação da companhia aérea, das autoridades francesas e do Governo brasileiro foi encontrar o local do acidente para verificar a possibilidade de eventual socorro às vítimas, como também encontrar as duas *caixas pretas*, possivelmente no fundo do Oceano Atlântico, a uma profundidade de 4.700m. Duas tarefas de enormes dificuldades dada a extensão da região em questão e das imprecisões dos dados e achados, até então.

Das primeiras buscas, o seguinte resultado:

Em 2 de junho às 15:20 (UTC), um Embraer R-99A da Força Aérea Brasileira avistou destroços e sinais de óleo, possivelmente combustível de aviação, espalhados ao longo de uma faixa de 5 km (3 mi; 3 nmi) 650 km (400 mi; 350 nmi) a nordeste da Ilha de Fernando de Noronha, próximo ao Arquipélago de São Pedro e São Paulo. [Tradução nossa] (AIR FRANCE FLIGHT 447.WIKIPEDIA, 2022)[107]

O problema que se apresentava naquele momento era uma área de 5 km de extensão. Entretanto, após o escaneio eletrônico mais de milhões de quilômetros quadrados de oceano, uso exaustivo do submarino nuclear francês *Émeraude* e do mini submarino *Nautile*, de dois navios (*Anne Candies* e *Seabed Worker*) e o uso dos mais modernos recursos tecnológicos disponíveis ao tempo, só se conseguiu, até 3 de junho de 2011, recuperar 154 corpos e alguns destroços da aeronave acidentada.

---

[107] *On 2 June at 15:20 (UTC), a Brazilian Air Force Embraer R-99A spotted wreckage and signs of oil, possibly jet fuel, strewn along a 5 km (3 mi; 3 nmi) band 650 km (400 mi; 350 nmi) north-east of Fernando de Noronha Island, near the Saint Peter and Saint Paul Archipelago.*

(AIR FRANCE FLIGHT 447.WIKIPEDIA, 2022; VOO AIR FRANCE 447. IN: WIKIPÉ-DIA, 2022)

O insucesso nas buscas obrigou ao BEA (*Bureau d'Enquêtes et d'Analyses pour la Sécurité de l'Aviation Civile*) a procurar alternativas inusitadas. Assim, em março de 2010 contatou a empresa norte-americana *Metron* (*Reston, VA*) que,

> por mais de 35 anos, oferece soluções inovadoras para problemas desafiadores, ao rigor técnico e uma abordagem de primeiros princípios para a solução de problemas e produziu consistentemente soluções criativas na interseção de **matemática avançada**, ciência da computação, física e engenharia.[108] [Tradução e destaque nosso]

Transcorridos quase dois anos de busca **pelas** 'caixas pretas', encerradas 4 infrutíferas expedições de busca e gastos superiores a 60 milhões de dólares, coube ao matemático *Lawrence D. Stone* (METRON, 2022), cientista chefe da *Metron* realizar todo o trabalho de matematização do problema. Em seu relato *Stone* (et al., 2014) constatou, *in verbis*:

Usamos um **procedimento Bayesiano** desenvolvido para planejamento de busca para produzir a distribuição de localização de destino posterior. Essa distribuição foi usada para orientar as buscas no terceiro ano, e os **destroços foram encontrados com uma semana** de buscas submarinas.[109] [Tradução e destaque nosso]

Assim resta evidente que às Matemáticas é possível encontrar uma *agulha num palheiro*, mesmo esse com dimensões gigantescas. Todavia, nem mesmo renomados organismos da aviação internacional têm conhecimento disso. O desconhecimento de ferramentas matemáticas tão valorosas como a *Inferência Bayesiana* deveria levar ás autoridades educacionais tornar obrigatória a familiaridade com essa ferramenta, já na Educação Básica, entretanto **nunca a título de memorização, mas**

---

[108] *For over 35 years, our dedication to technical rigor and a first-principles approach to problem-solving has consistently yielded creative solutions at the intersection of advanced mathematics, computer science, physics, and engineering.* Fonte: <https://www.metsci.com/who-we-are/>. Acesso: 02.11.2022.

[109] *We used a Bayesian procedure developed for search planning to produce the posterior target location distribution. This distribution was used to guide the search in the third year, and the wreckage was found with one week of undersea search.*

de desenvolvimento de habilidades e de proficiência no *encontrar agulha no palheiro*, talvez como atividade no *laboratório de matemática*.

✓ Critérios de Matematização

O esforço hodierno de encontrar critérios de matematização atende, primeiramente, ao clamor da matematização de subjetividades. As Matemáticas não contemplariam sua qualidade de completude com o esquivo da análise e cálculo das subjetividades e da demais transcendentalidades.

Contudo, quando das necessidades urgentes da indústria, serviços e do comércio, que exigem modelos de mensuração de qualidade e de eficiência, então muito rápido surgem esses modelos de mensuração qualitativa de produtos industriais como televisores, celulares, veículos automotores, aviões, *software*, etc.

Nesse esforço já foram criados vários organismos internacionais para coordenar esse controle de qualidade, como nos exemplos abaixo:

a) *International Organization for Standardization* - ISO (Organização Internacional para Padronização), uma entidade de padronização e normatização, criada em Genebra, na Suíça, em 1947, que mantem como principais produtos o

   I. ISO 9000: Gestão da qualidade (padrão de gestão de qualidade mais conhecido do mundo para empresas e organizações de qualquer tamanho).

   II. ISO 14000: Gestão ambiental (padrões de desempenho ambiental).

   III. ISO/IEC 27001: Gestão de segurança da informação e normas relacionadas à segurança de TI, segurança cibernética e proteção de privacidade são vitais para empresas e organizações hoje. Anote-se também que a família de padrões ISO/IEC 27000 os mantém seguros.

b) Organização Internacional de Entidades Fiscalizadoras Superiores (INTOSAI): entidade autónoma, independente e apolítica, com status consultivo especial no Conselho Económico e Social das Nações Unidas (ECOSOC), que lida, no setor público, com auditoria externa aos vários governos, aos quais estão associados.

c) Organização Pan-Americana da Saúde (OPAS): agência internacional especializada em saúde pública das Américas, empenhada em melhorar e proteger a saúde de sua população. Oferece cooperação técnica em saúde a seus países membros, combate doenças transmissíveis a ataca as enfermidades crônicas e suas causas, além de fortalecer os sistemas de saúde e responder a emergências e desastres, corroborando para garantir o acesso à atenção à saúde de qualidade e sem cair na pobreza e promovendo o direito de todos à saúde.

d) IEC (*International Electrotechnical Commission*), fundada durante o Congresso Elétrico Internacional em St. Louis em 1904, com a finalidade de *"que medidas sejam tomadas para garantir a cooperação das sociedades técnicas do mundo pela nomeação de um representante Comissão para considerar a questão da padronização da Nomenclatura e Classificações de Aparelhos Elétricos e Máquinas"*[110]. [Tradução nossa]

---

*Decididamente, todas essas instituições que congregam milhares de outras instituições nacionais em volta do globo terrestre, iniciaram o trabalho de análise da qualidade (uma razão altamente subjetiva) com imposição de **critérios específicos** que redundem da **qualidade dos produtos e serviços**.*

A partir da estipulação dos critérios de qualidade apostos a cada produto ou serviço, se aplicou uma metrificação discreta aleatória. Esse ritual se toma do que nos ensina TERREL (2021, p. 4), conforme abaixo relatado:

> Quando os estatísticos afirmam uma hipótese, eles devem identificar o que eles acreditam que causa a ocorrência de um evento. A primeira grande parte da hipótese é chamada de variável independente e é a "causa" que queremos investigar. Na maioria dos casos, a variável independente **conterá dois ou mais níveis**. Em nosso exemplo anterior, nossa variável independente era sexo e tinha dois níveis, masculino e feminino. Em outros casos, podemos estar investigando um problema que tenha mais de uma variável independente; **os níveis de cada variável independente** ainda serão identificados da maneira que acabamos de descrever[111]. [Tradução e destaque nosso]

A numeralização dos critérios eleitos em diversos níveis pode atender tanto ao aspecto discreto como contínuo, conforme ditames abaixo:

---

[110] *"that steps should be taken to secure the cooperation of the technical societies of the world by the appointment of a representative Commission to consider the question of standardization of the Nomenclature and Ratings of Electrical Apparatus and Machinery" (by Winckler, R., 1994. Electrotechnical Standardization in Europe. CENELEC, Brussels. Apud:* <https://www.iec.ch/history/how-why-iec-was-started>. Acesso em: 06.11.2022.

[111] *When statisticians state a hypothesis, they must identify what they believe causes an event to occur. The first major part of the hypothesis is called the independent variable and is the "cause" we want to investigate. In most instances, the independent variable will contain two or more levels. In our preceding example, our independent variable was gender, and it had two levels, male and female. In other cases, we may be investigating a problem that has more than one independent variable; the levels of each independent variable will still be identified in the manner we have just described.*

> Quer um experimento produza resultados **qualitativos** ou **quantitativos**, os métodos de análise estatística exigem que nos concentremos em certos **aspectos numéricos dos dados** (como proporção da amostra x/n, média $\bar{x}$ ou desvios padrão). O conceito de variável aleatória nos permite passar dos próprios resultados experimentais para uma função numérica dos resultados. Existem dois tipos fundamentalmente diferentes de variáveis aleatórias — variáveis aleatórias **discretas** e variáveis aleatórias **contínuas**.[112] [Tradução e destaque nosso] (DEVORE; BERK, 2012, p. 96)

Dessa forma, que se encontre formas e condições para que a formação do Matemático possibilite aos egressos das graduações, a declinação e construção de referenciais que possibilitem a mensuração e cálculo da qualidade e eficiência, *e.g.* do serviço de saúde público e privado oferecido ao cidadão, bem como de outras áreas de interesse e necessidade da sociedade como todo.

✓ Verdade Necessária

Em especial, as ciências naturais há muito clamavam por uma verdade necessária que permitisse a mensuração das diversas grandezas físicas já identificadas na natureza e que possibilitasse a modelagem e a mensuração matemática dessas dimensões naturais. A título de exemplo, tome-se o referencial *metro* como verdade necessária criada para mensurar a grandeza física *distância* entre dois pontos.

No aprofundamento da questão, constatamos que esse referencial já teria substância na Filosofia como *Verdade Contingente a priori*:

> A discussão em torno de enunciados ou proposições que representam verdades contingentes que, não obstante, supostamente podem ser conhecidas *a priori* ganhou notoriedade principalmente a partir do trabalho de *Saul Kripke* em *Naming and Necessity* (1980). *Kripke* chama a atenção para o fato de as noções de necessidade e de aprioricidade (e, consequentemente, de seus duais, i.e., contingência e aposterioridade) não são intencionalmente equivalentes, uma vez que a primeira diz respeito à preservação da verdade nos diferentes

---

[112] *Whether an experiment yields qualitative or quantitative outcomes, methods of statistical analysis require that we focus on certain numerical aspects of the data (such as a sample proportion x/n, mean x, or standard deviations). The concept of a random variable allows us to pass from the experimental outcomes themselves to a numerical function of the outcomes. There are two fundamentally different types of random variables - discrete random variables and continuous random variables.*

mundos possíveis, enquanto a segunda diz respeito à forma em que uma verdade é conhecida. Ou seja, a primeira noção é metafísica, enquanto a segunda é epistêmica. **(RUFFINO, 2013, 2022)**

Para avivar essa necessidade urgente por referenciais nas ciências naturais, seguindo a trilha de *Fulford et al.* (2001), elege-se a Mecânica como exemplo, para assinalar que

> **O objetivo da mecânica é explicar e prever o movimento dos corpos. No início da história da humanidade, o movimento dos objetos celestes - sol, lua, estrelas, planetas, cometas - tornou-se uma fonte de curiosidade e admiração. No plano terrestre, as questões decorrentes do movimento dos corpos em queda e dos projéteis - sejam pedras ou flechas - atraíram o interesse de alguns dos maiores pensadores da antiguidade.**

> O sistema de mecânica concebido por Newton no século XVII tornou possível explicar, pela primeira vez, o movimento de objetos celestes e terrestres com um conjunto de postulados ou leis. A mecânica newtoniana provou ser um dos **modelos matemáticos de maior sucesso jamais concebido** e mostrou conclusivamente o **valor da matemática na compreensão da natureza**. Por essas razões, seu advento é geralmente considerado como um dos pontos de virada na história do pensamento humano.[113] (Tradução e destaque nosso) (*Ibda.*, p. 7)

> Contudo, antes de *Newton*, a questão estava totalmente em desolamento, como nos ensina *Fulford et al.* e pelo que se toma da constatação abaixo:

> A primeira tentativa de construir um modelo matemático para o **movimento dos corpos** foi feita por ARISTÓTELES (384-322 a.C.). Durante a Idade Média, os estudiosos europeus o consideravam a autoridade em todos os assuntos científicos, incluindo a mecânica. Ao contrastar as suposições feitas por

---

[113] *The aim of mechanics is to explain and predict the motion of bodies. Early in the history of mankind the motion of celestial objects - sun, moon, stars, planets, comets - became a source of curiosity and wonder. At the terrestrial level, questions arising from the motion of falling bodies and of projectiles - whether stones or arrows - attracted the interest of some of the greatest thinkers of antiquity.*
The system of mechanics devised by Newton in the seventeenth century made it possible to explain, for the first time, motion of both celestial and terrestrial objects with the one set of postulates, or laws. Newtonian mechanics proved to be one of the most successful mathematical models ever devised and it showed conclusively the value of mathematics in understanding nature. For these reasons, its advent is generally regarded as one of the turning points in the history of human thought.

Aristóteles com as leis do movimento dadas por Newton, podemos obter uma melhor apreciação da realização de Newton.[114] [Tradução e destaque nosso] (*Ibda.*, p. 7-8)

Dessa forma, com *Aristóteles* a questão do movimento dos corpos foi levantada por primeiro, pelo menos no feitio de conhecimento. Continuando com *Fulford et al.* vamos conhecer a natureza da grandeza que possibilita ao movimento dos corpos bem desvendado com *Newton*, senão vejamos a seguir:

A mecânica de Aristóteles, como a de Newton, envolve a ideia de uma **força** como explicação de por que os corpos se movem. A ideia básica de uma força é familiar da **experiência cotidiana**. Se queremos mover um objeto - seja um livro, uma cadeira ou um guarda-roupa - devemos aplicar uma força ao objeto. A **experiência cotidiana** também sugere, de forma rudimentar, como podemos comparar forças. As-

Figura 27: Aristóteles: Estagira, 384 a.C. — Atenas, 322 a.C. Fonte: Pinterest. [Modificação nossa]

sim, a maioria de nós concordaria que duas pessoas empurrando juntas podem exercer, em média, o **dobro da força** exercida por uma pessoa empurrando sozinha.[115] [Tradução e destaque nosso] (*Ibda.*, p. 8)

Essa ilustração dos autores australianos nos leva à constatação de que se trata de uma grandeza física abstrata, conhecida como ***força***. Entrementes não se aponta um referencial (ou verdade necessária) que possa metrificar ou mensurar

---

[114] *The first attempt to construct a mathematical model for the motion of bodies was made by ARISTOTLE (384-322 BC). During the Middle Ages, European scholars regarded him as the authority on all scientific matters, including mechanics. By contrasting the assumptions made by Aristotle with the laws of motion given by Newton, we can gain a better appreciation of Newton's achievement.*

[115] *The mechanics of Aristotle, like that of Newton, involves the idea of a force as an explanation of why bodies move. The basic idea of a force is familiar from everyday experience. If we want to move an object - be it a book, a chair or a wardrobe - we must apply a force to the object. Everyday experience also suggests, in a rudimentary way, how we might compare forces. Thus, most of us would agree that two people pushing together can exert, on average, twice the force exerted by one person pushing alone.*

essa grandeza, pelo menos até *Newton*. Não obstante, *Fulford et al.* indicam algumas particularidades aplicadas por *Aristóteles*, que se mostram interessante conhecer, *ad litteram*:

> As relações entre força e movimento são declaradas explicitamente nas duas primeiras das seguintes suposições introduzidas por Aristóteles:
>
> 1. A **força** é necessária para manter um corpo em **movimento** e uma vez que a força é removida, o corpo vai parar.
>
> 2. A força que atua sobre um corpo é proporcional à **velocidade** que ela produz.
>
> 3. Com **volume** igual, corpos mais **pesados** caem mais rápido que os mais leves.[116] [Tradução e destaque nosso] (*Ibda.*, p. 8)

Da construção elaborada por *Aristóteles* para o movimento de objetos se verifica que há uma condução para outras grandezas abstratas como *velocidade* e *peso*, que carecem de engenho de metrificação, quantificação ou mensuração.

✓ Ente Contingente *a priori de re* (ECPR)

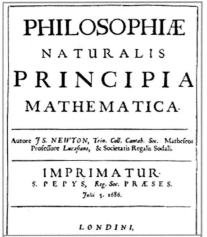

Figura 28: Principia Mathema-tica. Fonte: Wikipedia. Modificação nossa.

A questão do referencial (ou verdade necessária) preocupou por muito tempo matemáticos e cientistas das mais diversas áreas. À medida que evoluções nas Matemáticas indicavam novos caminhos para a pesquisa e desenvolvimento científico, algumas adversidades abstratas como força, intensidade, potência, velocidade, aceleração, qualidade, luminosidade, dispersão e muitas outras restavam sem empenho para permitir a mensuração e o cálculo dessas grandezas e, com isso, permitir uma abordagem analítico-matemática.

Desde *Kepler* que a questão da força inquietava os pensadores da época. Mas somente em 1687, com a publicação do livro *Philosophiæ Naturalis Principia Mathematica* de autoria do físico britânico *Isaac Newton* em língua latina, que surge uma robusta concepção da lei da gravitação universal, uma primeira concepção de referencial para a grandeza força.

Não obstante, se trate na qualidade de *verdade necessária*, não se deve obliterar que a palavra verdade possui alta carga de subjetividade, característica essa não muito confortável para uma apreciação matemática. Por esse motivo, é mais adequado adotar o termo Ente Contingente *a priori de re* (ECPR), i.e., instituir um referencial que seja estipulado por comum acordo e

---

[116] *Relationships between force and motion are stated explicitly in the first two of the following assumptions introduced by Aristotle:*

1. Force is necessary to maintain a body in motion and once the force is removed the body will come to rest.

2. The force acting on a body is proportional to the velocity that it produces.

3. With equal bulk, heavier bodies fall faster than lighter ones.

circunstancial (*Contingente*), por pressuposição (*a priori*) e específico para uma determinada coisa ou situação (*de re*). (PONTES, 2022)

Nesse formato e configuração lógica, surgiu o internacionalmente convencionado *The International System of Units* (Sistema Internacional de Unidades), que disponibiliza grande quantidade de referenciais para todas as ciências e que

> ... tem sido usado em todo o mundo como o **sistema de unidades** preferido, a linguagem básica para **ciência**, **tecnologia**, **indústria** e **comércio** desde que foi **estabelecido em 1960** por uma resolução na 11ª reunião da *Conférence Générale des Poids et Mesures*, a CGPM (conhecida em francês como Conferência Geral de Pesos e Medidas).[117] [Tradução e destaque nosso] (BUREAU INTERNATIONAL DES POIDS ET MESURES (BIPM), 2019, p. 122)

Em síntese pode-se afirmar que:

> O SI é um sistema consistente de **unidades** para uso **em todos os aspectos da vida**, incluindo comércio internacional, fabricação, segurança, saúde e proteção, proteção do meio ambiente e na ciência básica que sustenta tudo isso. O sistema de grandezas subjacente ao SI e as equações que os relacionam baseiam-se na descrição atual da natureza e são familiares a todos os cientistas, tecnólogos e engenheiros. A definição das unidades do SI é estabelecida em termos de um **conjunto de sete constantes definidoras**. O sistema completo de unidades pode ser derivado dos valores fixos dessas constantes definidoras, expressos nas unidades do SI. Essas sete constantes definidoras são a característica mais fundamental da definição de todo o sistema de unidades. Essas constantes particulares foram escolhidas após terem sido identificadas como sendo a melhor escolha, levando em consideração a definição anterior do SI, que era baseada em sete unidades básicas, e o progresso da ciência. As definições são realizar com base numa variedade de métodos experimentais descritos pelos Comitês Consultivos do CIPM. As descrições dessas realizações também são chamadas de *"mises en pratique"*. As realizações podem ser

---

[117] *... has been used around the world as the preferred system of units, the basic language for science, technology, industry and trade since it was established in 1960 by a resolution at the 11th meeting of the Conférence Générale des Poids et Mesures, the CGPM (known in English as the General Conference on Weights and Measures).*

revisadas sempre que novos experimentos são desenvolvidos; por esta razão, o conselho sobre a realização das definições não está incluído neste folheto, mas está disponível no site do BIPM.[118] [Tradução e destaque nosso] (*Ibda.*, p. 125)

Todo esse esforço internacional vem corroborar para que as nuances e desequilíbrios na pesquisa, desenvolvimento e inovação, tenham um mínimo de segurança, conforme se toma abaixo:

Um exemplo impressionante das consequências advindas de confusão de unidades foi a perda de um satélite da NASA, o "Orbitador Climático de Marte" (**OCM**). A Comissão de Investigação de Acidente (Relatório da Fase 1, de 10 de novembro de 1999) descobriu que a causa principal da perda do OCM foi "a não utilização de unidades mé-

tricas na codificação do arquivo de software de solo (na base)". O impulso foi registrado (Port.: registado) em unidades do sistema britânico, libra (força) segundo (lbfs), em vez de nas unidades métricas newton (força) segundo (Ns). Este fato causou um erro (por um fator de 4,45) que retirou o satélite da sua rota. Nós instamos os usuários deste livro a definirem sempre explicitamente os termos, as unidades e os símbolos que venham a usar. (IUPAC - UNIÃO

[118] *The SI is a consistent system of units for use in all aspects of life, including international trade, manufacturing, security, health and safety, protection of the environment, and in the basic science that underpins all of these. The system of quantities underlying the SI and the equations relating them are based on the present description of nature and are familiar to all scientists, technologists and engineers. The definition of the SI units is established in terms of a set of seven defining constants. The complete system of units can be derived from the fixed values of these defining constants, expressed in the units of the SI. These seven defining constants are the most fundamental feature of the definition of the entire system of units. These particular constants were chosen after having been identified as being the best choice, taking into account the previous definition of the SI, which was based on seven base units, and progress in science. A variety of experimental methods described by the CIPM Consultative Committees may be used to realize the definitions. Descriptions of these realizations are also referred to as "mises en pratique". Realizations may be revised whenever new experiments are developed; for this reason advice on realizing the definitions is not included in this brochure but is available on the BIPM website.*

INTERNACIONAL DE QUÍMICA PURA E APLICADA, 2018, p. XIII)

Muitas são as dificuldades para o estabelecimento dessas unidades. Só lembrando a formulação do decibel (símbolo: dB), que levou *Alexander Graham Bell* a reduzir a escala do decibel por várias vezes, até que encontrou a escala mais apropriada, expressa numa escala logarítmica de base 10, para garantir o conforto na elaboração de cálculos e mensurações.

Apesar da grande evolução alcançada até o presente, resta ainda um universo de outras grandezas abstratas para serem caracterizadas e devidamente referenciada por sistemas específicos de *Ente Contingente a priori de re* (ECPR). Entre essas, uma série de subjetividades extremamente importantes para a sociedade. É bem verdade que algumas delas já foram referenciadas, como nos exemplos do controle de qualidade e do conforto térmico.

Mas, para que esses referenciais sejam constituídos e declinados, se faz necessário que alguém formule os critérios necessários para a elaboração do referencial. E é nesse particular onde a *Síndrome do Referencial* se expressa: o Matemático aguarda que os especialistas se pronunciem e os especialista avaliam que os critérios devem advir do Matemático.

É bem verdade que a atividade de declinar critérios que possam construir um referencial para cada questão, exija bons conhecimentos sobre a matéria a ser analisada, da mesma forma o analista carece de bons conhecimentos de metafísica, ontologia e de metamatemática.

Mas, e.g., se a sociedade exige que se determine parâmetros para mensurar a qualidade e eficiência do atendimento na Saúde Pública, dada a importância vital desse serviço público, há de ter uma solução por parte dos profissionais das Matemáticas, para que sociedade possa ser assistida à altura dessa necessidade inadiável e irrenunciável.

- **Estudante Matematicamente Proficiente**

A Nova Matemática visa capacitar jovens cidadãos como Estudante Matematicamente Proficiente (EMF) no âmbito da Formação Universitária e Aluno Matematicamente Proficiente (AMF) no da Educação Básica. Nesse processo a proficiência do cidadão nas Matemáticas é exclusivamente o critério norteador, quando a cooperação e o ativismo entre estudantes e alunos são prioridades relevantes.

A proficiência nas Matemáticas é um bem inesquecível e que os jovens, durante toda as suas vidas, nunca conseguirão desvendar-se, nem tão pouco poderá ser-lhes roubada; comparável à proficiência no manejo da bicicleta, que também perdura por toda a vida. Porquanto é obrigação primordial do professor de matemática desenvolver essa proficiência em seus alunos, conforme nos ensina *Allsopp et al.*, quando se prefacia:

O significado é o tema seminal deste livro. Consequentemente, seu objetivo é ajudar os professores a facilitar o acesso dos alunos com dificuldades à matemática de alta qualidade, para que esses **alunos possam entender a matemática e se tornarem matematicamente proficientes**. Para facilitar esse acesso, os **professores devem ser solucionadores de problemas e tomadores de decisão eficazes.**[119] [Tradução e destaque nosso] (ALLSOPP; LOVIN; VAN INGEN, 2018, p. IV)

Dentro desse contexto e exclusivamente nessa perspectiva, o Ensino da Matemática é, primordialmente uma questão legal, e pensado como **integrante obrigatório** da Educação Básica em toda a face do planeta Terra. Noutro sentido **ninguém está autorizado a** ensinar matemática abrangendo critérios como **memorização e ensino sistemático**, mas o obrigatório por lei é o ensino para a proficiência matemática e o entendimento dos principais conteúdos matemáticos, bem como para o cotidiano.

Esse processo não é fácil de se lograr, todavia o professor deve prosseguir no seu intento enquanto for necessário, pois o objetivo tem que ser alcançado, independentemente do tempo que se necessite, como implícito pelos mesmos autores acima citados na expressão seguinte:

Em alguns casos, os alunos podem demonstrar **compreensão suficiente** para passar para o próximo conceito-alvo. Em outros casos, eles **podem precisar de instrução adicional ou oportunidades de resposta** para se tornarem **proficientes** (ou seja, capazes de demonstrar **compreensão** do conceito ou executar a **habilidade** com alto nível de precisão e em um ritmo satisfatório). Determinar essas informações após a instrução ocorrer e **antes de planejar a próxima aula** garante que os professores planejem a instrução subsequente que **melhor atenda às necessidades de aprendizagem dos alunos**.[120] [Tradução e destaque nosso] (*Ibda.*, p. 6)

---

[119] *Meaning is the seminal theme of this book. As a consequence, its purpose is to help teachers facilitate struggling learners' access to high-quality mathematics so those learners can make sense of the mathematics and become mathematically proficient. To facilitate such access, teachers must be effective problem solvers and decision makers.*
[120] *In some cases, students might demonstrate sufficient understanding to move to the next target concept. In other cases, they may need additional instruction or response opportunities to become proficient (i.e., able to demonstrate understanding of the concept or perform the skill with a high level of accuracy and at a satisfactory rate). Determining this information after instruction occurs and before planning the next lesson ensures that teachers plan subsequent instruction that best meets students' learning needs.*

E atender da melhor maneira possível *às legítimas necessidades de aprendizagem dos alunos*[121] é a obrigação legal de todos os professores de matemática tanto no ensino oficial (público) quando no delegado (particular). Essa premissa legal não proíbe que o professor possa exercer a sua liberdade constitucional de ensinar, desenvolvendo **adicionalmente** outros objetivos pedagógicos e didáticos, caso seja em seu interesse ou solicitado pelos alunos.

Mas como conseguir essa proficiência nas Matemáticas? É uma noção muito abstrata e de difícil manejo em sala de aula. Porém, seguindo ainda *Allsopp et al.*, podemos encontrar um exemplo prático para entender, ensinar e praticar proficiência em sala de aula, basta inferir a descrição que segue:

> **À medida que os alunos se tornam proficientes, eles também se tornam mais eficientes. Por exemplo, observe o seguinte problema:**
>
> Se *Sue* tem 5 biscoitos e seu irmão lhe dá mais 8, quantos ela tem?
>
> As crianças pequenas geralmente concluem essa tarefa modelando todos os números com objetos e, em seguida, contando todos os objetos. Os alunos finalmente começam a desenvolver maneiras mais eficientes de operar com números, contando e depois usando o senso numérico. Nesse ponto, eles começam a separar os números para resolver uma tarefa. Por exemplo, sabendo que 8 está a 2 de 10, os alunos irão separar o 5 em 2 e 3, combinar o 2 com o 8 para obter 10 e, em seguida, adicionar mais 3. À medida que os alunos progridem em sua compreensão, eles não precisam mais "desempacotar" o que o 5 significa, depois o que o 8 significa e contá-los todos.[122] [Tradução e destaque nosso] (*Ibda.*, p. 6)

Figura 29: Danny e sua diretora. Fonte: internet. Modificação nossa.

Mas para assim proceder, temos que primeiro respeitar os alunos e sua maneira de pensar; também reconhecer que os alunos, por menores que sejam em idade, são indivíduos e possuem direitos. Um exemplo contrariando essa compostura encontramos num vídeo[123] que circula há

---

[121] Preparo para o exercício da cidadania e para o trabalho.

[122] *As students become proficient, they also become more efficient. For example, look at the following problem:*
If Sue has 5 cookies and her brother gives her 8 more, how many does she have?
Young children typically will complete this task by modeling all of the numbers with objects and then counting all of the objects. Students eventually begin to develop more efficient ways of operating on numbers, by counting on and then by using number sense. At this point, they begin to break numbers apart to solve a task. For example, knowing that 8 is 2 away from 10, students will separate the 5 into 2 and 3, combine the 2 with the 8 to get 10, then add 3 more. As students progress in their understanding, they no longer have to "unpack" what the 5 means, then what the 8 means, and count them all.

[123] *Disponível em: https://www.youtube.com/watch?v=Zh3Yz3PiXZw. Acesso em: 11.12.2022 18:04h*

já um bom tempo pela *internet*. Trata-se da resposta dada por um aluno norte-americano *Danny* (ainda na alfabetização matemática) à pergunta de sua professora, que assim formulou: Quanto é 2 + 2? *Danny* respondeu que a solução redundava em 22. A professora não aceitou, então o *Danny* reclamou com a Diretora da Escola, que confirmou a atitude da professora de matemática. Entretanto os pais confirmaram a certeza e justeza da resposta do filho. Daí a questão tornou-se pública e uma comissão foi instalada, que findou dando razão ao *Danny*: 2 + 2 = 22.

Dentro do padrão que estamos apresentando aqui a solução do problema não é aceitar que 2 + 2 = 22, mas tentar entender a lógica desenvolvida pelo *Danny* e dá-lhe o devido crédito. Para tanto, deve-se envolver o aluno com conhecimentos de linguagens matemáticas e suas características, como descrito no capítulo *Linguagem*, em especial no subtópico *Modelo dos Campos Semânticos* (MCS). Dessa forma, se poderia facilmente reconhecer e valorar a performance e perspicácia do aluno, bem como induzi-lo a aceitar uma outra solução para o problema (2 + 2 = 4) e informa-lo que, do aspecto aritmético a solução é 4, mais reconhecer que do aspecto linguístico-semântico[124] poderia o resultado 22 ser considerado como válido.

No insucesso, *Allsopp et al.* também aconselha procurar novos caminhos, pois no mínimo o professor obterá uma melhor visão sobre o nível de conhecimento e proficiência do aluno, que certamente é uma preciosa informação:

Quando os alunos ainda **não são proficientes** com o conceito ou habilidade recém-adquirida, os professores podem **apoiá-los a assumir mais riscos**, fornecendo dicas na forma de escolhas. Ao dar aos alunos a mesma equação com escolhas cuidadosamente selecionadas (formato de resposta receptiva), os professores podem descobrir que os alunos têm menos probabilidade de se desligar devido à alta ansiedade ou frustração e são mais propensos a ativar seu conhecimento anterior. De qualquer forma, é mais provável que os professores **obtenham uma resposta significativa que forneça algumas**

---

[124] Caso o leitor venha objetivar que uma criança de 6-7 anos não possa entender o aspecto linguístico-semântico, esse entendimento vai depender da capacitação do professor no âmbito de explicar e fazer entender conceitos mais complexos por crianças menores. O Movimento Escoteiro desenvolveu uma pedagogia e técnica didática própria para educar crianças a partir dos 6 anos, inspirado no inglês *Joseph Rudyard Kipling* (1865 - 1936), por sua obra *The Jungle Book* [O Livro da Selva].

informações sobre os níveis de compreensão dos alunos.[125] [Tradução e destaque nosso] (*Ibda.*, p. 121)

Já com a Prof.ª *Small* (2017), vamos entesourar o conceito de Estudante Matematicamente Proficiente (EMF), aos seguintes critérios:

- começam explicando a si mesmos o significado do problema e procurando pontos de entrada para sua solução;
- entendem as quantidades e suas relações em situações problemáticas;
- entendem e usam suposições declaradas, definições e resultados previamente estabelecidos na construção de argumentos;
- podem aplicar a matemática que dominam para resolver problemas que surgem na vida cotidiana, na sociedade e no local de trabalho;
- ponderam as ferramentas disponíveis ao resolver um problema matemático;
- tentam comunicar-se razoavelmente com os outros;
- olham atentamente para identificar um padrão ou estrutura;
- percebem se os cálculos são repetidos e procuram métodos gerais e atalhos. [Modificação, Tradução e destaque nosso]

Não é fácil construir Aluno e Estudante Matematicamente Proficiente, entretanto resta imprescindível que essa estirpe de alunos e estudantes seja implantada também no Brasil.

- **Mapa do Ensino da Matemática**

Matemática não se decora. Aprende-se por *erfahren*. Esse é um termo alemão, uma junção de viajar, periciar, habilitar-se, especializar-se e, em especial, adquirir proficiência sobre um determinado conhecimento. Desta divagação, restou enigmá-

tico encontrar uma conceituação para a Matemática que ampare a expectativa de completude, de precisão e de eficiência em toda a realidade. Contudo, percebemos que Matemática não reclama por memorização, mas por *"erfahren"*, verbo alemão impossível de tradução em algumas línguas, inclusive em português.

A nova BNCC (Base Nacional Comum Curricular) exige o Ensino da Matemática orientado exclusivamente ao desenvolvimento de habilidades. Esse comando legal não é respeitado

---

[125] *When students are not yet proficient with the newly acquired concept or skill, teachers can support them to take more risks by providing cues in the form of choices. By giving students the same equation with carefully selected choices (receptive response format), teachers may find that students are less likely to shut down due to high anxiety or frustration and are more likely to activate their previous knowledge. Either way, teachers are more likely to get a meaningful response that provides some information about students levels of understanding.*

pelos projetos pedagógicos dos cursos de licenciatura. Nesse mister, realce que a Licenciatura é predestinada ao preparo de professores da Educação Básica, mas, na prática, a Licenciatura pouco difere do Bacharelato. Dessa forma, o preparo dos futuros professores procede com a apresentação sistemática do conhecimento matemático aleatoriamente exigido, quando a **memorização de conteúdo é extremamente privilegiada** e a otimização de habilidades totalmente deslembrada.

Feitas essas considerações e lembrando o surgimento contíguo e símil antiguidade da Filosofia e da Matemática, se propõe a estruturação do Mapa do Ensino da Matemática, contendo os seguintes critérios:

a) História: surgimento e evolução,
b) Ontologia: natureza de ser e da existência,
c) Metafísica: entender a realidade e possibilidades de ser,
d) Etiologia: causas e origens dos fenômenos,
e) Teleologia: finalidades e aplicações e
f) Dialética: coerências, polêmicas e adversidades.

In casu, esses critérios serão, a seguir, aplicados ao ensino do Cálculo do Limite. O desenvolvimento da percepção de Limite como ente matemático respeita o aqui proposto Mapa do Ensino da Matemática e pode fundamentar uma lição precisa e ampla da ferramenta Limite, em contraste com as 'definições' (notações) apresentadas nos mais conhecidos compêndios de cálculo, considerada a necessidade de uma fundada proficiência e um pensar matemático bem profuso, que possam superar com facilidade as adversidades críticas e as além da tensão dual do demonstrável *versus* não-demonstrável.

✓ História

A importância da História na Educação Matemática podemos tomar das seguintes linhas de *Katz, in verbis*:

> De acordo com o MAA[126], o conhecimento da história da matemática mostra aos alunos que a **matemática é um importante empreendimento humano**. A matemática não foi descoberta na forma

---
[126] Nota nossa: *Mathematical Association of America's (MAA)* [Associação Matemática da América].

polida de nossos livros didáticos, mas **muitas vezes foi desenvolvida** de forma **intuitiva** e **experimental** para resolver problemas. O **desenvolvimento real de ideias** matemáticas pode ser usado efetivamente para motivar e **motivar os alunos** hoje.[127] [Tradução e destaque nosso] (KATZ, 2009, p. XI)

Apoderamo-nos dessa inteligência e seguindo a exemplar postura histórica do nosso grande mestre Prof.Dr. Ângelo Papa Neto, para propor, *e.g.* no ensino do Limite as seguintes abordagens históricas:

- A primeira vez em que a ideia de limite apareceu, foi por volta de 450 a.C., na discussão dos quatro paradoxos de *Zeno*.
- Independentemente um do outro, porém publicando pela primeira vez na mesma época, o cálculo do limite foi desenvolvido na Europa do século XVII por *Isaac Newton* e *Gottfried Wilhelm Leibniz.*
- De modo geral, podemos dizer que *Newton* (noção de continuidade) e *Leibniz* (ideia discreta das mônadas) chegaram ao Cálculo através de caminhos diferentes.
- *René Descartes* e *Bonaventura Cavalieri* foram importantes pioneiros do cálculo infinitesimal.

Obviamente, isso representa um pequeno *facit* do que se poderia explorar em sala de aula como introdução histórica. Entretanto, a história da desenvoltura do Limite é muito rica e abrange as mais diversas áreas, oferecendo ao professor de matemática uma enorme encadeação de alternativas, que certamente vão encher os alunos e estudantes de empolgadura e ledice.

✓ Ontologia

Há notícias de que foram *Rudolf Goclenius* (1613) e *Johannes Clauberg* (1656) os primeiros a usarem esse termo, dando-lhe significado como doutrina do ser. Nor-

malmente, a Ontologia é tomada como parte especial da Metafísica. (Wikipédia, 2022) Neste estudo, vamos adotar para a Ontologia a definição originária: doutrina do ser. Nas Matemáticas a Ontologia já preenche, em especial nas ciências da informação, uma lacuna extremamente relevante, entretanto poderá abordar com muita eficiência todas as áreas das Matemáticas, espargindo novas luzes em todos os ambientes.

---

[127] *According to the MAA, knowledge of the history of mathematics shows students that mathematics is an important human endeavor. Mathematics was not discovered in the polished form of our textbooks, but was often developed in an intuitive and experimental fashion in order to solve problems. The actual development of mathematical ideas can be effectively used in exciting and motivating students today.*

Dentro desse espectro, podemos questionar algumas situações, *e.g.*, as que seguem, em relação ao Limite:

- O limite é um conceito fundamental do Cálculo, visto que seus principais conceitos, derivada e integral, são definidos em termos do limite.
- Fornece um método para descrever uma função de forma consistente em seções.
- A noção de limite pressupõe a consideração do infinito.
- Diz-se que uma grandeza é o limite de outra grandeza quando a segunda pode aproximar-se da primeira tanto quanto se queira, embora a primeira grandeza nunca possa exceder a grandeza da qual ela se aproxima; de modo que a diferença entre tal quantidade e seu limite é absolutamente indeterminável.

✓ Metafísica

O termo "metafísica" advém ainda de *Aristóteles*, que a intitulou de primeira filosofia, ou seja, aqueles conhecimentos e conceitos fundamentais que vai explicar toda a filosofia. Somente muito depois vai receber o nome de Metafísica, usado pela primeira vez por *Nikolaus de Damasco*, e que chega aos dias de hoje com o sentido "aquilo que segue as explicações sobre a natureza" ou "aquilo o que vem depois da física". Ela representa a disciplina básica da filosofia e de gigantesca relevância para o estudo e análises na filosóficas, tratando dos problemas centrais da filosofia teórica, ou seja, a descrição dos fundamentos, pré-requisitos, causas ou "primeiras justificativas", as estruturas, legalidades e princípios mais gerais, bem como o significado e o propósito do toda a realidade ou todo o ser.

Nas Matemáticas a Metafísica pode ocupar uma condição peremptória na elucidação de todas as questões em aberto e a clarificar, bem como em todas as circunstâncias analíticas. Sob a luz da Metafísica, podemos analisar o Limite com os seguintes liames:

- A transição da Matemática grega para o rigor algébrico se deu a partir da preocupação dos matemáticos da época ao longo dos séculos XV ao século XVII, com uma grande variedade de problemas práticos.

- *Aristóteles* argumentava que, como o mundo é finito, nenhuma grandeza física pode, por processos multiplicativos, tornar-se infinita.

- O processo de divisão, por outro lado, dizia *Aristóteles* que pode ser continuado eternamente e que não existiria nenhum estágio não ultrapassável.

- *Aristóteles* rejeita a noção de um contínuo composto ou de pontos matemáticos ou de qualquer outra espécie de indivisíveis.

- Pode-se calcular o limite do infinito já que o limite se aproxima, mas nada limita e se encontra além de qualquer limite que se possa imaginar ou calcular?

✓ Etiologia

Entende-se por Etiologia como o estudo e a análise da causalidade ou origem. Com isso, estende-se esse estudo das causas, às origens, às razões pelas quais as coisas são, como são ou como funcionam; também pode se referir às próprias causas. A palavra é comumente usada em medicina quando questionadas as causas e os fatores da doença; na filosofia, mas também na física, psicologia, geografia, análise espacial, teologia e biologia, com referência às causas ou origens de vários fenômenos. Por essa abrangência, as Matemáticas se incluem no rol de áreas de conhecimentos afetas à Etiologia.

Aqui levantamos os seguintes debates em face do Limite, sob a ótica etiológica:

- A etiologia pode ser entendida como a busca pelas razões que levam ao conceito de limite e às técnicas utilizadas para calcular limites.

- O cálculo do limite é fundamental para a compreensão de conceitos matemáticos avançados, tais como a derivada e a integral, que vão esclarecer as razões pelas quais esses conceitos foram desenvolvidos.

- Uma das razões para o desenvolvimento do cálculo de limite foi a necessidade de lidar com situações em que uma função não é contínua em um determinado ponto, quando se faz necessário utilizar técnicas de limites para estudar o comportamento da função ao se aproximar desse ponto.

- Ademais, abarca a compreensão das propriedades dos limites, tais como a regra do limite da soma, do produto e do quociente, que são essenciais para o cálculo de limites mais complexos.

- Contorna a busca pelas razões que levaram ao desenvolvimento desse conceito e às técnicas utilizadas para calcular limites, assim como a compreensão das propriedades que tornam possível o cálculo de limites mais complexos.

- As primeiras tentativas de quantificar intervalos infinitamente pequenos falharam devido a contradições e paradoxos de divisão.

- Para a análise atual, que trabalha com valores limites e não com números infinitesimais, o termo normalmente não é usado.
- As ideias originais do Cálculo têm início em considerações que envolvem tanto noções de grandezas discretas quanto de grandezas contínuas, servindo ambas para se chegar aos resultados do Cálculo.
- Existe conhecimento matemático *a priori*?
- Há razões para infinitos números naturais, e até mais números reais do que números naturais?

Com a Etiologia as Matemáticas alcançam ao âmago de suas questões fundamentais, garantindo um alto nível de firmeza e de certeza em tudo o que analisa e maneja.

✓ Teleologia

Uma visão de mundo busca por causas finais internas (imanentes) e externas (transcendentes). Na primeira busca, já com *Aristóteles*, desloca a questão para o interior da matéria inicialmente sem forma; mas ele também vai dizer que o desenvolvimento de suas formas concretas e o comportamento posterior de tais coisas e seres vivos define um esforço por certos estados de objetivo, através dos quais sua existência é completada.

A perspectiva transcendente vislumbra a ordem funcional do mundo como criada pela ação de uma força primordial que não está presente espacialmente nas coisas, mas não pode ser pensada como concretamente separável delas. Entretanto, *Platão* traça o mundo com seus fenômenos individuais por volta de algumas ideias celestiais, ordenada por uma entidade mais alta, representada pela essência sem forma, incolor e inodora de uma pura *dynamis*.

Os naturalistas vão tratar a Teleologia dentro de uma causalidade evolutiva e como conceitos mutuamente exclusivos, as posições monistas consideram ambas como aspectos complementares. A teleologia e a causalidade não estão, portanto, em contradição uma com a outra, mas formam uma síntese filosófica superior através da suposição de uma primeira causa transcendental que determina os eventos energético-mecânicos do mundo. Este processo, que visa a otimização energética (economia) ou a realiza, inclui, além de uma beleza objetiva das estruturas resultantes, o bem de sua estabilidade frente aos fatores de ataque, que até é relacionado com a Razão Áurea.

O espectro é tanto bastante amplo e de forma semelhante bem controverso. Mesmo com essas adversidades, nas Matemáticas, a introdução de uma discussão e enfrentamento teleológico das diversas ferramentas e entes matemáticos é por demais imprescindível para melhor entendimento e aplicação de suas utilidades. Propomos os seguintes questionamentos sob a égide de sugestões:

- Leibniz conclui que seu novo método não apresentava impedimentos para funções irracionais ou transcendentes.
- Quando se trata do cálculo matemático do limite, a teleologia pode ser entendida como a análise pelos objetivos que se pretendem alcançar ao utilizar o conceito de limite.
- Determinação da área sob uma curva no Plano Cartesiano ou da área de um gráfico, à integral definida.
- Como ferramenta essencial para a compreensão de fenômenos matemáticos complexos e para a solução de problemas práticos em diversas áreas do conhecimento, a teleologia do cálculo de limite envolve a compreensão dos objetivos que se pretende alcançar.
- A possibilidade de estudar o comportamento de uma função em torno de um ponto específico, enquanto isso é fundamental para a compreensão de conceitos como continuidade e diferenciabilidade, que têm aplicações em diversas áreas das matemáticas e das ciências.

- Estudo do nível de concentração de um determinado medicamento no sangue.
- Possibilidade de determinar o valor de funções em pontos específicos, mesmo quando esses pontos não estão definidos na função, com uso na resolução de problemas práticos em diversas áreas, como a física, a engenharia, a economia, entre várias outras.
- Perpetração da dose máxima de um medicamento contra o câncer.
- Cálculo da pena máxima aplicável a um réu reincidente/crime complexo.
- Alcançar a compreensão das técnicas utilizadas para o cálculo de limites, tais como a regra de *L'Hôpital* e a expansão em séries de *Taylor*, técnicas essas com aplicações em diversos problemas práticos e são essenciais para a compreensão de conceitos mais avançados das matemáticas.
- Arguição de Taxas de juros.

- Estudo sobre as aplicações do Teorema do Aperto.[128]

---

*A teleologia do **cálculo de limite** envolve a busca pelos **objetivos** que se pretendem alcançar ao utilizar o conceito de limite e as técnicas de cálculo de limites, assim como a compreensão das aplicações práticas dessas técnicas em diversas áreas do conhecimento.*

✓ Dialética

Conhecida expressão da filosofia ocidental, desde a antiguidade como um instrumento de retórica e um meio de encontrar metodicamente a verdade e também, com o objetivo de analisar e descrever contradições entre conceito e objeto nas discussões ou contradições reais sobre a natureza ou na sociedade, constitui uma área de estudo e análise de grande valor para as ciências em geral.

Com o advento do século XVIII, a Dialética encontrou um novo ambiente de expressão: o ensino dos opostos nas coisas e conceitos, bem como a descoberta e eliminação desses opostos. Em síntese se pode dizer que a Dialética se apresenta como uma forma simplista do discurso, no qual uma tese se opõe à demonstração de problemas e contradições como uma antítese, da qual resulta uma solução ou uma nova compreensão como resultado, como uma síntese.

Facit: *duas teses apresentam-se com teor opostos, se encontram para formar uma terceira opção, a suposta síntese. Essa visão, entretanto, nem sempre é aceita.*

Com *Hegel*, ela se torna um método de conhecimento oposto à metafísica e, ao mesmo tempo, à legalidade interior do automovimento do pensamento e do automovimento da realidade. *Hegel* também leva a dialética para uma visão materialista,

---

[128] Trata de situação representada por dois polícias conduzindo um bêbado cambaleando.

quando ela se torna a ciência das leis mais gerais de movimento e desenvolvimento na natureza, sociedade e pensamento.

Apesar da amplitude e delatada conceituação, a dialética presta relevantes serviços às Matemáticas, enquanto ferramenta analítica dos opostos. Nesse interim, estamos propondo as seguintes perquisições, em relação ao Limite:

- A diferença entre o método de exaustão e o limite do cálculo diferencial e integral, está no fato de os gregos não realizarem a passagem ao infinito, pela falta da noção de um contínuo aritmético.

- A dialética mostra-se por demais relevante na busca pela compreensão das contradições e das relações que existem entre os diferentes aspectos do cálculo matemático do limite.

- As discussões em torno do infinito, originaram o estabelecimento da noção de indefinido, que, inicialmente, era percebida com a intuição geométrica subjetiva e bastante indefinida.

- A supremacia da dialética se apropria de contradições até mesmo as que atingem a compreensão do comportamento de uma função em torno de um ponto específico.

- De outra maneira as contradições presentes na necessidade de lidar com funções não contínuas em um determinado ponto, quando a análise dialética pode significativamente contribuir com possíveis soluções que superem as contradições.

- Da mesma forma, a dialética aplicada ao cálculo de limite produz a compreensão das relações entre as diferentes técnicas pertinentes, tais como a regra do limite da soma, do produto e do quociente, e a já mencionada regra de *L'Hôpital*, permitindo a escolha da melhor técnica a ser utilizada em cada situação.

- A teoria dos infinitesimais de Demócrito foi combatida pela influência das ideias de *Parmênides de Eléia* (530 a.C.), que chamava a atenção para os paradoxos e contradições existentes na concepção do mundo físico como composto por partículas infinitamente pequenas e indivisíveis.

---

*A aplicação da **dialética** no cálculo de limite resulta na compreensão das contradições e das relações entre os diferentes aspectos dessa ferramenta matemática, bem como designa soluções que superem essas contradições.*

Por todo o exposto e com exemplos específicos de aplicação, o **Mapa do Ensino da Matemática** aqui proposto, decididamente, quanto aplicado dentro desses parâmetros, enriquecerá e aformoseará não só o nível e qualidade das aulas ministradas sob sua égide, como também a proficiência de alunos e estudantes submetidos a essa ferramenta didática. Anote-se ainda que nesse sistema poderão ser utilizadas outras ferramentas filosóficas aplicáveis às Matemáticas.

5   Conclusão

A Matemática é a ciência do raciocínio lógico e abstrato, que estuda toda a realidade transcendental (abstrata) e imanente, à qualidade da completude, da eficiência, da precisão e da exatidão, no mínimo, da excelência.

*N*ada árduo constatar o vácuo de proficiência matemática em todo o coletivo respectivo da Educação Básica e dos cursos de Licenciatura em Matemática, bem como a elevada desistência tanto na Licenciatura como no Ensino Básico. Os prejuízos ocasionados para a Nação Brasileira são incomensuráveis: primeiro os dispendiosos e elevados custos dos licenciandos que abandonam a formação, depois o desemprego e demais custos sociais da juventude perdida para o infernal conceito dos 'nem-nem', que são obrigados a servirem como 'soldados' do crime organizado, quando não consumidores de entorpecentes e similares. Esse prejuízo já ultrapassa o puramente econômico para alcançar o sacrifício de vidas.

Há um problema na Educação Matemática: ou os alunos e os licenciandos não mais querem aprender e estudar, ou há defeitos cruciais no método e tecnologia de ensino aplicado em face da disciplina Matemática. A nossa análise demonstrou que há erro concludente tanto no método como na tecnologia de preparo dos licenciandos em Matemática, como na Educação Básica.

O Brasil teima em privilegiar o ensino sistemático, o rigor linguístico e a memorização de conteúdo. Esses objetivos já foram ultrapassados em todos os países que alcançaram enorme vantagem e altíssima colocação no chamado Programa Internacional de Avaliação de Estudantes [tradução de *Programme for International Student Assessment* – PISA], que já abandonaram o *ensino sistemático*, o *rigor linguístico* e a *memorização de conteúdo*. Enquanto isso adotaram o Pensar Matemático, a Proficiência Matemática, o Ativismo e a Criatividade do aluno em sala de aula, como tecnologia e metodologia de ensino.

Para minorar os efeitos catastróficos e malignos aqui apontados na educação nacional, bem como elevar celeremente a qualidade da Educação Matemática, estamos propondo a adoção do Pensar Matemático, da Proficiência Matemática, do Ativismo e da Criatividade do aluno em sala de aula a título de metodologia de ensino, bem como, a título de tecnologia de ensino o **Mapa de Ensino da Matemática** (MEM) e a formação de professores na formulação e instalação de **Ente Contingente** *a priori de re* (ECPR), que possibilite a matematização de grandezas abstratas de extrema relevância para a sociedade, como *e.g.* nos casos da saúde, políticas e segurança públicas.

Estudar e aprender Matemática, por muito tempo foi um *frenesi* marcadamente prazeroso, instigador e audacioso. No mínimo, essas qualidades precisam de instantânea restauração.

Vivat, a Nova Matemática!

Matemática precisa tornar-se a disciplina mais amada por todos. Faça acontecer.

Referências

AIR FRANCE FLIGHT 447.WIKIPEDIA. Air France Flight 447. Disponível em: <https://en.wikipedia.org/wiki/Air_France_Flight_447>. Acesso em: 13 out. 2022.

ALLSOPP, D. H.; LOVIN, L. H.; VAN INGEN, S. Teaching mathematics meaningfully: solutions for reaching struggling learners. 2. ed. Baltimore: Paul H. Brookes Publishing Co., 2018.

BEA. Investigação de segurança sobre o acidente ocorrido em 01 de junho de 2009. Paris: [s.n.]. Disponível em: <https://bea.aero/enquetes/vol.af.447/note05juillet2012.br.pdf>. Acesso em: 2 dez. 2022.

BICUDO, I. Análise Não-Standard. Bolema, 1992.

BOYER, C. B. The History of The Calculus and Its Conceptual Development. New York: Dover Publications, Inc., 1959.

BRASIL. Constituição da República Federativa do Brasil. Brasília, DF. Diário Oficial da União, Seção 1, p. 27, , 5 out. 1988. Disponível em: <https://www.planalto.gov.br/ccivil_03/constituicao/constituicao.htm>. Acesso em: 16 nov. 2022

BRASIL. Lei Nº 9.394, DE 20 DE DEZEMBRO DE 1996. Estabelece as diretrizes e bases da educação nacional. Disponível em: <https://www.planalto.gov.br/ccivil_03/leis/l9394.htm>. Acesso em: 2 fev. 2023.

BRASIL. MEC. BNCC. Brasília - DF: MEC, 2021.

BROWN, J.; SKOW, K. Mathematics: Identifying and Addressing Student Errors. Nashville, TE: [s.n.].

BULL, J. A. A Mathematician's Guide to the World Cup. Disponível em: <https://www.maths.ox.ac.uk/node/61756>. Acesso em: 8 dez. 2022.

BUREAU INTERNATIONAL DES POIDS ET MESURES (BIPM). Le Système international d'unités (SI) The International System of Units (SI). 9. ed. Paris: BIPM, 2019.

BURGER, E. B.; STARBIRD, M. The Heart of Mathematics: an Invitation to effective Thinking. 3. ed. Hoboken, NJ: John Wiley & Sons, Inc., 2010.

CARNAP, R. Überwindung der Metaphysik durch logische Analyse der Sprache. Erkenntnis, 2. Bd., p. 219–241, 1931.

CARNAP, R. Logische Syntax der Sprache. Wien: Julius Springer, 1934.

DANDIS, M. A. The Assessment Methods that are Used in a Secondary Mathematics Class. Journal for Educators, Teachers and Trainers, Vol. 4 (2), p. 133–143, 2013.

DEVORE, J. L.; BERK, K. N. Modern Mathematical Statistics with Applications. 2. ed. New York, NY: Springer, 2012.

DIEUDONNÉ, J. Geschichte der Mathematik 1700-1900. Braunschweig: Friedr. Vieweg & Sohn Braunschweig/Wiesbaden, 1985.

ERNEST, P. The ethical obligations of the mathematics teacher. Journal of Pedagogical Research, v. 3, n. 1, p. 80–91, 1 abr. 2019.

FEIST, J. Significance in Language. New York, NY: Routledge, 2022.

FERRARI, P. L. Mathematical Language and Advanced Mathematics Learning. [s.l: s.n.]. Disponível em: <https://files.eric.ed.gov/fulltext/ED489743.pdf>. Acesso em: 15 nov. 2022.

FLORES, C. R.; MORETTI, M. T. A Articulação de Registros Semióticos para a Aprendizagem: Analisando a Noção de Congruência Semântica na Matemática e na Física. Perspectivas da educação matemática, v. 1, n. 1, p. 25–40, jun. 2008.

FLUSSER, V. Fenomenologia do Brasileiro. Disponível em: <https://www.cidadefutura.com.br/wp-content/uploads/FLUSSER-Vil%C3%A9m.-Fenomenologia-do-brasileiro.-UERJ1998.pdf>. Acesso em: 31 dez. 2022.

FOURIER, J. B. J. Théorie Analytique de la Chaleur. Paris: Chez Firmin Didot, 1822.

FRANÇA, V. DA R. Princípio da legalidade administrativa e competência regulatória no regime jurídico-administrativo brasileiro. Revista da Informação Legislativa, Ano 51 Número 202 abr./jun., p. 7–29, 2014.

FULFORD, G.; FORREESTER, P.; JONES, A. Modelling with Differential and Difference Equations. Cambridge: Cambridge University Press, 2001.

FUNDAÇÃO CALOUSTE GULBENKIAN. A primeira competência para se estudar matemática é a criatividade. Disponível em: <https://gulbenkian.pt/noticias/a-primeira-competencia-para-se-estudar-matematica-e-a-criatividade/?fbclid=IwAR2sW7BQ-X0NJugDA-orl9tS5Z9635lAD429mkma23cDFbyf48Os3z8ZewPg>. Acesso em: 30 out. 2022.

GONÇALVES, S. J. Teorema de Pitágoras, Tales e suas aplicações: uma experiência no 9º ano do ensino Fundamental. TCC—Manaus: Universidade do Estado Amazonas, 2018.

HESS, T. M. Memory and aging in context. Psychological Bulletin, v. 131, n. 3, p. 383–406, maio 2005.

HURFORD, J. R.; HEASLEY, B.; SMITH, M. B. Semantics a coursebook. 2. ed. Cambridge: Cambridge University Press, 2007.

IUPAC - UNIÃO INTERNACIONAL DE QUÍMICA PURA E APLICADA. Grandezas, Unidades e Símbolos em Físico-Química. 3. ed. São Paulo-SP: SBQ, 2018.

KANTROV, I. Assessing Students' Mathematics Learning. Newton, MA: [s.n.]. Disponível em: <http://mcc.edc.org/pdf/iss_assm.pdf>. Acesso em: 2 jan. 2023.

KATZ, V. A History of Mathematics. 3. ed. Boston, MA: Pearson, 2009.

KREMER, K. DE A. Dificuldades na Aprendizagem de Matemática. Monografia—Rio de Janeiro - RJ: Universidade Cândido Mendes, jan. 2011.

LEE, G. P. B.; LIM, C. S.; LEONG, L. M. Use Mathematical Writing as a Practical Approach to Increase Students' Problem Solving Skills: a Case Study. Mathematics Enthusiast, v. 17, n. 1, p. 238–273, 1 jan. 2020.

LINS, R. C. O Modelo Teórico dos Campos Semânticos: Uma análise epistemológica da álgebra e do pensamento algébrico. Dynamis, v.1, n. 7, abr-jun, p. 29–39, abr. 1994.

LINS, R. C. Modelo dos Campos Semânticos: Estabelecimentos e Notas de Teorizações. São Paulo, SP: [s.n.]. Disponível em: <http://sigma-t.org/permanente/2012.pdf>. Acesso em: 19 nov. 2022.

LOURENÇO, É. H.; OLIVEIRA, P. C. Congruência Semântica e Equivalência Referencial em Problemas Envolvendo Equações de 1º Grau. Educação Matemática Pesquisa Revista do Programa de Estudos Pós-Graduados em Educação Matemática, v. 20, n. 1, p. 84–109, 1 maio 2018.

MCGEE, V. How We Learn Mathematical Language. The Philosophical Review, v. 106, n. 1, p. 35–68, 1 fev. 1997.

METRON. Lawrence D. Stone, Ph.D. Disponível em: <https://www.metsci.com/who-we-are/staff/lawrence-d-stone-ph-d/>. Acesso em: 13 out. 2022.

MORGAN, C. et al. Language and communication in mathematics education: an overview of research in the field. ZDM, v. 46, n. 6, p. 843–853, 11 nov. 2014.

MORIN, E. São os erros que nos fazem crescer. Disponível em: <https://www.revistaprosaversoearte.com/sao-os-erros-que-nos-fazem-crescer-edgar-morin/>. Acesso em: 1 fev. 2023.

MOTA, D. A. Tarefas Matemáticas para Promover o Raciocínio Matemático de Alunos do Ensino Básico. Dissertação de Mestrado—Aveiro: Universidade de Aveiro, 2014.

O'CONNOR, J. J.; ROBERTSON, E. F. Évariste Galois (1811 - 1832) - Biography - MacTutor History of Mathematics. Disponível em: <https://mathshistory.st-andrews.ac.uk/Biographies/Galois/>. Acesso em: 16 nov. 2022.

POINCARÉ, H. Science and Method. New York: Thomas Nelson and Sons, 1914.

PONTES, A. Fenomenologia da Ampla Defesa e do Contraditório - paradigmas axiológicos e jurídicos. Fortaleza: [s.n.].

PONTES, A. Modelagem Matemática: critérios. Programa de Formação Continuada. Academia Cearense de Matemática-ACM, , 20 ago. 2022. Disponível em: <https://acm-itea.org/modelagem-matematica/>. Acesso em: 2 nov. 2022

POSAMENTIER, A. S.; LEHMANN, I. Magnificent Mistakes in Mathematics. New York: Prometheus Books, 2013.

RAUTENBERG, W. A Concise Introduction to Mathematical Logic. [s.l: s.n.].

ROBINS, R. H.; CRYSTAL, D. Language. Definition, Types, Characteristics, Development, & Facts. Britannica. Disponível em: <https://www.britannica.com/topic/language>. Acesso em: 15 nov. 2022.

RUFFINO, M. O Contingente A Priori. 2013.

RUFFINO, M. Contingent A Priori Truths: Metaphysics, Semantics, Epistemology, and Pragmatics. Synthese Library. v. 443, p. 230, 2022.

RUSSELL, B. The Problems of Philosophy. London: Williams and Norgate, 1912.

SERRALTA, F. B. et al. Equivalência semântica da versão em português da Escala de Experiência de Quase-Morte. Psico-USF, v. 15, n. 1, p. 35–46, abr. 2010.

SMALL, M. Teaching Mathematical Thinking: Tasks and Questions to Strengthen Practices and Processes. New York, NY: Teachers College Press, 2017.

SMITH, M. E.; NEWBERRY, K. M.; BAILEY, H. R. Differential effects of knowledge and aging on the encoding and retrieval of everyday activities. Cognition, v. 196, p. 104159, 1 mar. 2020.

STILLWELL, J. Mathematics and Its History. New York, NY: Springer New York, 2010.

STONE, L. D. et al. Search for the Wreckage of Air France Flight AF 447 1. Statistical Science, v. 29, n. 1, p. 69–80, 2014.

STYLIANIDES, A. J.; STYLIANIDES, G. J. Learning Mathematics with Understanding: A Critical Consideration of the Learning Principle in the Principles and Standards for School Mathematics. The Mathematics Enthusiast, v. 4, n. 1, p. 103–114, 1 fev. 2007a.

STYLIANIDES, A. J.; STYLIANIDES, G. J. Learning Mathematics with Understanding: A Critical Consideration of the Learning Principle in the Principles and Standards for School Mathematics. The Mathematics Enthusiast, Vol. 4, No. 1, Article 8., v. 4, n. 1, p. 103–114, 1 fev. 2007b.

SUTTON, J. (EDITOR); KRUEGER, ALICE. EDthoughts: What We Know about Mathematics Teaching and Learning. Aurora: McREL (Mid-continent Research for Education and Learning), 2002.

TEPEL, S. Logik trifft Logos. Mathematik als inspirierendes Werkzeug in der Pastoral. Disponível em: <https://www.feinschwarz.net/logik-trifft-logos-mathematik-als-inspirierendes-werkzeug-in-der-pastoral/>. Acesso em: 8 fev. 2023.

TERREL, S. R. Statistics Translated a Step by Step Guide to Analyzing and Interpreting Data. New York, NY: The Guilford Press, 2021.

TIMMONS, D. L.; JOHNSON, C. W.; MCCOOK, S. M. Fundamentals of algebraic modeling: an Introduction to Mathematical Modeling with Algebra and Statistics. 5. ed. Belmont, CA: Brooks/Cole, 2010.

TRANJAN, T. A Sintaxe Lógica da Linguagem de Rudolf Carnap: uma Análise do Princípio de Tolerância e da Noção de Analiticidade. Dissertação—São Psulo, SP: Universidade de São Paulo, 2005.

VOO AIR FRANCE 447. IN: WIKIPÉDIA, A ENCICLOPÉDIA LIVRE. Voo Air France 447. Disponível em: <https://pt.wikipedia.org/wiki/Voo_Air_France_447>. Acesso em: 12 out. 2022.

WALLACE, P. R. Mathematical Analysis of Physical Problems. New York: [s.n.].

Índice Remissivo

1

A

B

C

D

E

F

G

L

M

N

O

P

S

T

U

V

W

Made in the USA
Columbia, SC
10 March 2023

13221859R00095